Stratediplo

Le douzième travail
un refuge autarcique

Stratediplo

Stratediplo, de formation militaire, financière et diplomatique, s'appuie sur une trentaine d'années d'investigation en sciences sociales et relations internationales pour nous aider à comprendre les réalités d'un monde en pleine mutation.

Le douzième travail
un refuge autarcique

Publié par Le Retour aux Sources
www.leretourauxsources.com

© Le Retour aux Sources – Stratediplo - 2020

Tous droits réservés. Aucune partie de cette publication ne peut être reproduite par quelque moyen que ce soit sans la permission préalable de l'éditeur. Le code de la propriété intellectuelle interdit les copies ou reproductions destinées à une utilisation collective. Toute représentation ou reproduction intégrale ou partielle faite par quelque procédé que ce soit, sans le consentement de l'éditeur, de l'auteur ou de leur ayants cause, est illicite et constitue une contrefaçon sanctionnée par les articles L-335-2 et suivants du Code de la propriété intellectuelle.

du même auteur

le quatrième cavalier,
l'ère du coronavirus,
éditions le Retour aux Sources 2020

le septième scénario,
sécession d'une minorité,
2° édition Retour aux Sources 2020

la huitième plaie,
migrants 2015, l'avant-garde,
2° édition Retour aux Sources 2020

la neuvième frontière,
Catalogne 2018,
2° édition complétée Retour aux Sources 2020

la dixième arme,
quinze ans d'alertes et synthèses,
2° édition complétée Retour aux Sources 2020

le onzième coup
de minuit de l'avant-guerre,
2° édition Retour aux Sources 2020

« *Survivre est un choix.
[…] Allez, au travail !* »

Piero San Giorgio,
auteur de Survivre à l'effondrement économique,
juillet 2011

« *Vivre, vivre, en plein soleil, en plein été,
Vivre, vivre, c'est ma dernière volonté.* »

Sylvain Lebel,
auteur-compositeur,
1977

Sommaire

du même auteur	7
Sommaire	11
Introduction	13
1 – Hémisphère libre	17
2 – Terre de paix	23
3 – Montagne connectée	31
4 – Toits à soi	37
5 – Ruisseau privé	45
6 – Eau illimitée	51
7 – Boisson à volonté	57
8 – Résilience alimentaire	63
9 – Énergie renouvelable	69
10 – Opportunités commerciales	79
11 – Paradis animalier	85
12 – Ni risque ni menace	91
Conclusion	97
Déjà parus	101

Introduction

Le douzième et dernier travail, c'est comme Hercule de dompter la menace et sortir de l'enfer.

Contrairement aux précédents du même auteur ce petit livre, rédigé initialement fin 2018, n'avait aucune vocation d'alerte ou de synthèse, mais simplement d'exposé serein. Nonobstant, les développements inattendus de l'année 2020 lui donnent soudain un autre intérêt, bien sûr toujours comme exemple illustratif, mais peut-être aussi comme piste à suivre.

La pandémie devenant une endémie le cloisonnement géographique sera bientôt dépassé, mais le télétravail et le télé-enseignement ont fait de la distanciation sociale une option viable. L'embrasement des villes par la lutte des races ou des civilisations, selon les pays, pousse ceux qui le peuvent à fuir la concentration urbaine : rester en ville, hier une obligation, est désormais un choix. L'effondrement économique, qui ne fait que commencer, va faire du coût de la vie urbaine type XX° siècle un luxe rédhibitoire pour beaucoup. Enfin les reconfigurations politiques et les modifications corrélatives des modes de vie, que

Le douzième travail – un refuge autarcique

l'on évoque dans le Quatrième Cavalier, incitent les inconditionnels de la liberté à prendre leurs distances avec la société jacobine, comme on le constate déjà dans certains pays, en un mouvement moins émotionnel et mieux raisonné que celui des années hippies.

La base autonome durable parfaite, capable de fournir eau, nourriture, soins, énergie, métier, défense et relations, pour reprendre la liste de Piero San Giorgio, n'existe pas. Du reste si elle existait elle serait convoitée par tant de soupirants qu'elle en serait hors de prix... d'ailleurs même les bases très imparfaites (et le ticket pour les rejoindre) deviendront subitement hors d'atteinte un grand soir ou un petit matin dont on ignore la date. En ce milieu de 2020, le prix des îlots de tout climat s'envole, et la demande de fermes isolées croît.

Aussi chacun tente-t-il d'adapter ce qu'il a trouvé, ou ce qu'il ne peut pas quitter, à ses priorités vitales ainsi qu'aux risques qui lui semblent les plus menaçants pour ces priorités, et bien sûr dans la limite de ses propres moyens. Le résultat circonstanciel ne peut être qu'un compromis, et forcément différent d'un cas à l'autre.

Le refuge autarcique de Stratediplo n'est pas exempt de toutes ces limitations. Nonobstant, la présentation de ce refuge, comme exemple concret d'une base autonome durable (parmi tant d'autres), permet d'exposer des idées de réponses à telle ou telle problématique qui se présente à tous mais à laquelle la réponse ne peut être standard et universelle. C'est à ce titre qu'on a pensé que cette illustration particulière du concept général de BAD pouvait être intéressante.

Que personne ne vienne répondre "*vous avez eu la chance de*" sans connaître les conditions dans lesquelles l'auteur, qui est tout sauf un aventurier, s'est expatrié. Il est d'ailleurs vraisemblable que le moindre lecteur de cet exposé se trouve aujourd'hui dans de meilleures conditions, à commencer par la possibilité d'opérer un choix, et aussi avec de meilleures perspectives différées. Le monde est le même pour tous et la grande majorité des gens sont à peu près égaux : la différence se situe entre l'inaction et l'action.

Au lieu de s'interroger avec inquiétude sur sa survie du jour d'après la rupture, on peut se ménager en toute quiétude une vie sans rupture.

Le douzième travail – un refuge autarcique

1 – Hémisphère libre

En préable aux révélations cosmogoniques ci-après, il est recommandé aux croyants en la confrontation nord-sud des masses de vérifier rapidement sur la mappemonde de quel côté de l'équateur se trouvent l'Inde, la Chine et le Nigéria (hors franchissement du Limpopo, le Camp des Saints évoque essentiellement un mouvement intra-septentrional), et aux croyants en la platitude de la Terre de rester au-dessus.

Les 90% de l'humanité qui se concentrent dans l'hémisphère nord peuvent bien oublier les 10% d'humains restants dispersés dans l'hémisphère sud.

D'ailleurs c'est vraisemblablement bien moins d'un vingtième de l'industrie mondiale qui se trouve dans l'hémisphère austral, lequel ne compte qu'une seule puissance industrielle de niveau mondial, le Brésil. L'Argentine, historiquement le premier pays hautement développé de l'hémisphère austral (et l'un des trois premiers en Amérique), est certes aussi étendue que l'Europe occidentale mais elle est restée une puissance de taille moyenne démographiquement comparable à la Pologne ou à l'Espagne, tandis que l'Afrique du Sud et l'Australie correspondent en termes industriels à de petits pays européens.

Quant au risque nucléaire, il est à plus de 98% concentré dans l'hémisphère boréal. Sur les 450 réacteurs nucléaires du monde, seuls 7 se situent dans l'hémisphère austral, en l'occurrence trois en Argentine, deux en Afrique du Sud et deux au Brésil, donc cette moitié de la planète n'a pas plus de réacteurs que la Belgique seule. D'ailleurs les chiffres de production réelle confirment que ces réacteurs ne couvrent pas une vraie nécessité énergétique pour ces pays mais seulement une mission stratégique, en l'occurrence pour l'Argentine la vitrine technologique qui lui permet de conserver son rang parmi les dix puissances du nucléaire civil mondial (et d'exporter des réacteurs... vers l'hémisphère nord), pour l'Afrique du Sud l'indépendance stratégique qui lui a permis de produire ses propres armes nucléaires (démantelées avant le sabordage politique), et pour le Brésil la parité technologique qui lui a permis de suivre le programme militaire de l'Argentine (puis de l'abandonner simultanément à celle-ci).

Par ailleurs, un coup d'œil rapide aux cartes météorologiques mondiales montre que, pour l'essentiel, les masses océaniques et atmosphériques tournent sur elles-mêmes dans leurs hémisphères respectifs sans traverser l'équateur. En l'absence de barrière physique dans l'océan comme dans l'atmosphère il y a certainement une explication géodynamique, en tout cas tout un chacun peut constater que les courants marins et les vents de l'hémisphère nord ne passent pas dans l'hémisphère sud, et vice-versa. Les nuages de Seveso et Tchernobyl n'auraient pas pu passer au sud du Sahara, et les eaux de Fukushima ne contaminent que les côtes pacifiques de l'Amérique du nord et du nord de l'Amérique du sud. Au-delà d'une ligne conventionnelle tracée par l'homme sur une mappemonde, l'équateur semble ainsi être une barrière physique invisible mais relativement étanche, protégeant l'hémisphère vierge des excès de l'hémisphère peuplé.

Une autre particularité de l'hémisphère austral est qu'il est deux fois plus maritime que l'hémisphère boréal. Puisque deux tiers des terres émergées se situent au nord de l'équateur et seulement un tiers au sud, tandis que l'hémisphère peuplé est à 40% constitué de terres l'hémisphère libre n'est constitué de terres qu'à 20%. Cet hémisphère recouvert d'eau à 80% a donc un climat plus stable, puisque comme le savent toutes les populations côtières les grandes masses d'eau ont de par leur inertie un effet de régulation thermique, les écarts normaux les plus grands et, maintenant, les anomalies les plus fortes, se produisent sous les climats dits continentaux c'est-à-dire au cœur des masses continentales.

Il y a cependant trois exceptions, à savoir trois territoires continentaux, ou méditerranéens au sens étymologique (au milieu des terres) qui attirent le regard par leur tache verte sur la mappemonde mondiale orange, jaune et rouge du changement climatique. Il s'agit en l'occurrence du centre de l'Australie, du centre-nord de l'Argentine (avec le Paraguay) et de l'ouest du Canada (et centre des États-Unis). Ce sont, au niveau mondial, les trois zones où le changement climatique complet ne s'opèrera qu'aux alentours de 2080, au lieu de 2047 en moyenne dans le reste du monde. On entend par là l'année de "départ climatique", ou celle à partir de laquelle, en un lieu donné, plus aucune année ne connaîtra de température moyenne inférieure à l'année la plus chaude de la période 1860 – 2005, ou dit autrement, c'est la date à partir de laquelle toutes les années seront plus chaudes que la plus chaude de la période 1860 – 2005. L'hémisphère sud a deux fois moins de terres que l'hémisphère nord, mais il dispose de deux fois plus de terres où le changement climatique s'accomplira plus tard. Dans l'ensemble on y attend un réchauffement et une humidification plus progressives, linéaires et sans à-coups qu'au cœur et même en périphérie des grandes masses continentales de l'hémisphère coupable.

D'autre part à ce jour, et avant la fonte de l'Antarctique, l'hémisphère océanique détient 70% de l'eau douce de la planète. La mise en valeur de la réserve hydrique antarctique n'est peut-être pas pour demain, mais elle passera certainement par le même chemin que l'exploration scientifique et maintenant touristique, à savoir le détroit qui sépare la Patagonie de la Péninsule Antarctique, pointe la plus septentrionale et la moins inaccueillante du continent blanc.

Enfin l'hémisphère sous-peuplé produit bien plus de nourriture qu'il n'en peut consommer, et exporte donc vers l'hémisphère peuplé les produits agroalimentaires sans lesquels il y aurait encore plus de famine dans ledit hémisphère peuplé. Sauf erreur (ou problème politique), la faim est inconnue dans l'hémisphère sud. Un pays comme l'Argentine, par exemple, produit de la nourriture pour 400 à 450 millions de personnes, soit dix fois sa population ou plus de la moitié de la population de l'hémisphère sud. En d'autres termes, l'hémisphère autosuffisant nourrit l'autre (ou y contribue).

L'hémisphère sud est un havre d'avenir pour le dixième de l'humanité qui s'y est installé. Si l'on ajoute le facteur humain aux questions géographiques et climatiques, l'Amérique australe se détache nettement du reste de cette moitié privilégiée du monde.

Le douzième travail – un refuge autarcique

2 – Terre de paix

L'Argentine est le pays le plus européen d'Amérique. On ne parle pas ici de la fameuse "Paris d'Amérique", cette capitale qui sur le plan de l'architecture ressemble en effet à Paris et où la percée de l'avenue la plus large du monde s'est terminée sur le palais Basualdo, inexpropriable car ambassade de France. Mais c'est sur le plan humain le seul pays d'Amérique (voire le seul pays hors d'Europe) où 90% de la population soit d'origine européenne (il reste 1% de vrais indigènes), grâce à la grande politique immigratoire dictée par Juan Bautista Alberdi ("*en Amérique gouverner c'est peupler*"), père de la constitution.

De plus c'est un pays latin. Dès le premier recensement de 1869 plus d'un tiers des habitants étaient italiens (et un autre tiers espagnols ou français), et vers 1900 le million de créoles hispano-américains était submergé par quatre millions d'immigrés européens, italiens pour la plupart. La moitié des Argentins d'aujourd'hui ont au moins un grand-parent italien (et parfois plus d'un), un tiers ont un grand-parent français ; certes un autre tiers des Argentins a aussi un grand-parent espagnol, mais la culture ibérique n'a pas survécu à la submersion par la culture latine. Les Argentins célèbrent la mamma et ignorent le macho, mangent pâtes, pizza et crème glacée (le *gelato* argentin s'exporte dans le monde entier), ignorent le piment et évidemment la corrida, aiment le belcanto et les chansons d'amour et détestent les militaires à la moustache noire. Les travailleurs immigrés chiliens ne restent pas car passer les Andes provoque le même choc culturel que, pour d'autres hispaniques, traverser les Pyrénées ou voler de Mexico à Rome.

Selon Octavio Paz, les Argentins sont des Italiens qui parlent espagnol et se prennent pour des Français (de mauvaises langues disent "*des Italiens qui parlent espagnol, se prennent pour des Anglais et se conduisent comme des Français*"). L'Alliance Française est arrivée à Buenos Aires avant Saint-Exupéry, et compte aujourd'hui en Argentine son premier réseau à l'étranger en nombre d'implantations et d'étudiants. Les Français ont introduit l'agriculture, d'abord dans le nord-est (la Mésopotamie où un siècle et demi plus tard la plupart des patronymes sont français) même si l'immigration agricole et viticole française actuelle vise plutôt l'ouest. Dans cet ouest-là d'ailleurs, la ville fondée par Jules Balloffet est encore peuplée pour moitié de gens d'origine française (sans compter les nouveaux immigrés) comme la moitié des noms de rues, l'autre moitié sonnant italien puisque le co-fondateur avait lui aussi invité des immigrants de son pays, dans une région aride aujourd'hui irriguée, cultivée et paysagée à la provençale (routes ombragées de platanes…).

L'immigration française étant réduite mais pas tarie, on rencontre des Français isolés et même des familles françaises dans la moindre petite ville... y compris à Mina Clavero (où se situe le refuge autarcique objet de ce livre) et villages voisins, sans savoir précisément combien il y en a.

Et la plupart des immigrés arrivés sans connaissance de l'espagnol parlent en quelques mois la langue locale, dont l'immigration italienne et française a simplifié la grammaire et la prononciation.

D'une manière générale, si les Argentins sont très xénophiles, aimant s'afficher avec des étrangers, et comprennent un nombre de langues surprenant pour des Américains (grâce au système éducatif mais aussi à l'habitude du tourisme en Europe), ils sont culturellement francophiles. D'autre part la médecine argentine est encore imprégnée des enseignements de l'ancienne première puissance scientifique, médicale et sanitaire, tant au niveau de la bibliothèque des facultés de médecine que par la destination que choisissent aujourd'hui les carabins pour leur internat, même dans les rares universités qui ne sont pas jumelées avec une faculté de médecine française.

Dans les montagnes centrales, réduction de l'Europe, et dans un rayon de cinquante kilomètres, la très dynamique ville de Carlos Paz est aussi italienne (on peut y passer le baccalauréat italien) que la Falda - Villa Giardino, tandis que la voisine

Le douzième travail – un refuge autarcique

Cosquín est restée hispano-créole, que Villa General Belgrano maintient la culture allemande de ses pionniers, que la Cumbre conserve l'architecture normande de ses fondateurs anglais et que la Cumbrecita reste une oasis de végétation et constructions alpines, chacun de ces villages montrant encore dans l'annuaire la prédominance des noms de famille de ses fondateurs respectifs. On pourrait y ajouter la comechingone (indigène) Cruz del Eje, patrie du chanteur Jairo, ou le village hippie San Marcos, première commune intégralement certifiée "organique" du pays... Avant même de connaître la délimitation exacte de la frontière interprovinciale vers le nord-ouest, l'auteur de ces lignes disait à partir d'un certain village "ici on passe en Amérique du sud".

Le culte de l'immigration est resté vivace (journée nationale de l'immigrant, musée de l'immigration...), parfois d'ailleurs cristallisé par les Argentins sur l'ère des photos noir et blanc ou sépia de leurs grands-parents descendant du bateau, voire déconnecté des vagues actuelles sud-américaine et asiatique. Ces dernières relèvent d'ailleurs plus de l'expatriation économique temporaire que de la quête d'une terre promise, les Péruviens et Boliviens ne demandant pas la nationalité argentine, et l'essentiel des 35000 Sud-Coréens des années quatre-vingt-dix étant partis à la crise monétaire de la fin 2001.

Les réajustements monétaires (tel celui de septembre 2018) ne sont pas tous des syndromes de "coup du râteau" de la finance internationale en quête de boucs émissaires numismapolitiques, ou de liquidités dans le pays où circule le plus de dollars hors les États-Unis. Déjà juste avant la première guerre mondiale Georges Clemenceau expliquait que le septième PIB par habitant au monde n'était dû qu'à la nature mais que le gouvernement argentin faisait tout pour ruiner le pays. Cette richesse trop facile est une malédiction qui pousse à vouloir gagner toujours plus même à travail égal, et a ainsi engendré une culture inflationniste solidement ancrée dans les mentalités, et dont chaque gouvernement profite pour emprunter avant l'inévitable alternance démocratique (ce n'est certes pas une exclusivité politique locale). Aussi beaucoup d'Argentins ont-ils un compte bancaire en dollars, en euros ou en monnaie locale dans la "Suisse d'Amérique", détenant la moitié des dépôts dans l'économiquement plus stable Uruguay qui vit notamment de son discret secteur bancaire.

Tout cela n'empêche pas, quand un Argentin demande pourquoi venir dans un pays qui connaît une crise économique tous les dix ans, de lui répondre qu'on vient d'un continent où chaque génération a sa guerre. Car ça, l'extrémité australe du continent américain n'a pas connu depuis un siècle et demi, sauf à considérer le conflit maritime de 1982 qui, entre les armées régulières de deux pays occidentaux développés, a coûté moins de deux mille morts dont aucune civile. À l'horizon prévisible du siècle, et sauf invasion chinoise, on ne voit aucune perspective sérieuse de guerre interétatique ou intestine en Argentine.

Le douzième travail – un refuge autarcique

Pourtant du point de vue institutionnel les Provinces Unies du Río de la Plata sont encore une confédération d'États distincts ayant chacun sa constitution, voire une organisation territoriale distincte et parfois sa monnaie, et il ne passe pas une décennie sans qu'une province ait une bonne raison de menacer de restaurer sa souveraineté face aux intrusions de Buenos Aires. Mais l'accord d'extradition réciproque (limité aux crimes de sang) est respecté, une procédure existe pour la reconnaissance interprovinciale des actes notariés, et un registre fédéral des permis de conduire a même été récemment créé.

Cependant il est hors de question que la province rurale de Córdoba, par exemple, adopte les restrictions au port d'armes blanches en vigueur dans la mégapole et province de Buenos Aires (le coutelas fait partie de la tenue du gaucho). Cette structure confédérale ne relève cependant en fait que de l'organisation politique, car aucune province ne peut revendiquer un peuple spécifique et ce sont les mêmes Latins, Ibères, Saxons et Slaves qui ont peuplé et constitué chaque portion de territoire. Aussi n'existe-t-il aucune perspective de conflits "ethniques" comme on dit maintenant en Europe pour ne pas dire internationaux (mais pas forcément interétatiques) ou intercivilisationnels.

La constitution fédérale qui a, il y a plus d'un siècle et demi, garanti l'égalité de tous y compris des étrangers afin de favoriser l'immigration, assure la naturalisation dès deux ans de présence. Ce que beaucoup d'étrangers et d'avocats en butte à la bureaucratie immigratoire ignorent, c'est qu'il peut être plus rapide d'obtenir la nationalité argentine sur la base de deux ans de présence fût-elle illégale (et de la constitution de 1853) que d'obtenir la résidence permanente comme étranger sur la base d'un dossier d'immigration (et de la loi de 2003). Quant au permis de détention d'armes à feu, il est plus facile au niveau national que le permis de conduire dans certaines provinces, et ne nécessite ni pratique ni inscription annuelle à une société de tir.

L'Argentine reste un formidable espace de liberté (et même un paradis fiscal) d'où on n'expulse d'ailleurs aucun clandestin tant qu'il ne commet pas de crime. C'est aussi un espace de prospérité qui assure un revenu certes minimum, mais surtout l'assistance médicale gratuite, à tous les vieux sans distinction de nationalité, et on n'y imagine pas un géronticide comme celui qui a été massivement commis en France au printemps 2020. Le gouvernement central n'a pas encore réussi à imposer au parlement fédéral l'institutionnalisation de l'éradication *in utero* aux frais des contribuables objecteurs de conscience, d'ailleurs certaines constitutions provinciales garantissent le droit à la vie dès la conception.

Et à moins que cela ait changé depuis mars, on peut y commander librement dans n'importe quelle pharmacie l'une des six marques de sulfate d'hydroxychloroquine, pour le lendemain.

Le douzième travail – un refuge autarcique

3 – Montagne connectée

Située à exactement mille mètres d'altitude sur la façade occidentale des montagnes de Córdoba dans le centre-nord de l'Argentine, par 32° de latitude sud, le refuge autarcique que l'on a choisi de présenter est une propriété rurale d'un peu plus de 44 hectares, traversée par le ruisseau Casas Viejas et qui longe sur 670 mètres la rivière Mina Clavero, deux kilomètres en amont du village de 8000 habitants du même nom. On peut voir d'à peu près toute la propriété la cascade de plus de cent mètres de dénivelé située huit kilomètres à l'est, et considérée comme la naissance (par confluence de torrents de montagne) de la rivière Mina Clavero. Cette rivière est l'une des sept merveilles naturelles d'Argentine, qui viennent d'être désignées par plébiscite. On a aussi une bonne vue du Champaquí, sommet de presque 3000 mètres et point culminant de la province.

La propriété a la forme d'une hache orientée sud-ouest – nord-est et au manche cassé vers son bout. En fait elle est constituée de deux parcelles non contigües, inséparables sur le plan cadastral mais géographiquement séparées par une parcelle publique, en l'occurrence le lit maximal du ruisseau sur 30 m de large et 120 m de long (*de facto* inclus par l'usage dans la propriété). La partie cassée du manche de hache est une parcelle de 2,4 hectares, en un rectangle de 100 m de large par 240 m de long en moyenne. C'est la partie "utile" de la propriété, située entre le chemin public et le ruisseau près duquel se trouvent les maisons, à plus de 200 m de l'entrée sur le chemin. Le reste de la hache est une parcelle de 42 hectares, constituée d'abord de la partie longue du manche de hache soit un rectangle de 120 m de large par 750 m de long, puis du fer de la hache soit un quasi-carré de 500 m de large par 650 m de long.

La première et petite parcelle descend du chemin vers le ruisseau, la deuxième et grande parcelle monte d'abord du ruisseau vers une ligne de crête correspondant à la jonction entre le manche et le fer de la hache, puis descend latéralement vers la rivière Mina Clavero qui la borde au sud-est. Jusqu'à cette ligne de crête qui coupe la propriété en deux, la physionomie générale est celle d'un terrain rocailleux (granite) de 11,5 hectares incliné des deux côtés du ruisseau, et couvert d'une végétation xérophile basse et clairsemée. Au-delà de cette crête la physionomie générale, qui semble à l'œil bien supérieure à 32,5 hectares en raison de la déclivité des terrains, est celle d'une alternance entre vallons encaissés plus ou moins boisés d'une végétation de type maquis, et barres ou hauteurs plutôt de granite nu.

Sur ce sous-sol de granite qui affleure partout, quelques dizaines de centimètres de terre se sont accumulés sur les pentes douces, voire quelques mètres au fond des vallons. C'est donc en général un terrain assez pauvre, bien qu'un reboisement sérieux (la province fournit gratuitement des arbres) permettrait avec le temps de le stabiliser, l'ombrager et l'enrichir. Le climat est continental, avec de fortes amplitudes thermiques notamment entre le jour et la nuit. Il n'y a pas d'agriculture dans la zone, tout au plus un peu d'élevage très extensif, en tout cas le village et la vallée vivent essentiellement du tourisme.

Le chemin de terre conduisant au village est carrossable et les taxis l'empruntent régulièrement. Au-delà de l'essence et du gasoil dépendants de la livraison par camion-citerne aux stations-services de la vallée, le village dispose aussi depuis quelques années d'une station de gaz naturel comprimé, approvisionné par gazoduc donc indépendant de toute livraison par transport routier.

Surtout, et c'était la raison stratégique de ce choix national en 1983, ce gaz composé essentiellement de méthane (moins polluant que les combustibles liquides) est extrait en Argentine, et donc insensible aux aléas internationaux de disponibilité et de coût des produits pétroliers. Le pays disposait encore il y a dix ans du premier parc mondial en nombre absolu de véhicules au gaz et reste de loin en tête en termes relatifs, puisque plus de 20% de ses véhicules roulent au gaz. Pour installation sur les véhicules à essence après leur sortie d'usine, les premières générations s'adaptaient aux moteurs à carburation et les dernières s'adaptent aux moteurs à injection, permettant une économie au kilomètre allant de 50 à 75% suivant les années (et les priorités gouvernementales) et un amortissement de l'équipement en 20000 kilomètres. À moins de mettre des réservoirs énormes l'autonomie est inférieure, mais sur les grandes distances sans station-service (Patagonie) le conducteur peut repasser à l'essence d'une simple pression sur un bouton, sans arrêter son véhicule.

À Mina Clavero se trouve aussi un refourbisseur de véhicules hippomobiles récupérés, et accessoirement revendeur de neufs, que certains achètent simplement pour décorer le jardin de leur restaurant rustique en le garnissant de pots de fleurs, et d'autres pour parader notamment lors des fêtes folkloriques gauchos. Compte tenu des bonnes relations avec le voisin immédiat de la propriété, qui y fait souvent paitre ses chevaux pour débroussaillage, le maître des lieux a prévu, en cas de rupture durable de la normalité énergétique et en complément de son vélocipède, de lui acheter ou troquer un cheval assorti d'un minimum d'instruction d'attelage, et d'acheter simultanément un cabriolet léger avec bonne suspension, banc, capote, malle et, selon disponibilité du moment, plutôt deux grandes roues cerclées de fer qu'un train de pneumatiques plus adapté aux routes qu'aux chemins pierreux. Un autre arrangement avec le voisin pourrait être que l'un fournisse le véhicule et l'autre le cheval lorsque quelqu'un aurait besoin d'aller au village. Par ailleurs, tous ses chevaux sont bien sûr régulièrement montés.

En matière de télécommunications la propriété dispose d'une couverture téléphonique portable, a eu un téléphone fixe sans fil par technologie portable GSM mais abonnement fixe (on ne tire plus de lignes vers l'habitat rural dispersé), et reçoit internet, localement diffusé par routeur *wifi*, par antenne de retransmission. On a néanmoins acquis une paire de *walkies-talkies* de faible puissance, rechargeables par petit panneau solaire comme toute pile rechargeable et permettant de maintenir le contact lors de déplacements dans le village à cinq kilomètres à découvert, ou lors de déplacements sur la propriété à un kilomètre en terrain accidenté.

La propriété s'étend donc vers la montagne sauvage et n'est raccordée à aucun autre réseau public que celui de l'électricité, cependant elle dispose de moyens de télécommunications et peut garder une capacité de transport indépendante.

En 2020, lorsque les voisins immédiats ont dû cesser d'envoyer leurs enfants à l'école pour raisons (de précaution) sanitaires, ils n'ont eu aucune difficulté à leur faire suivre l'enseignement à distance rapidement mis en place par les autorités éducatives. En effet ces voisins gèrent pour la plupart des complexes de locations saisonnières touristiques, disposant donc de capacités internet dimensionnées pour plusieurs familles d'urbains caractérisés par l'addiction aux réseaux dits "sociaux" à haut débit. Les groupes WhatsApp très locaux (hameau en aval, chemin des artisans en amont) sont aussi devenus particulièrement actifs et pratiquement exhaustifs en quelques semaines d'isolement.

Cependant, une vague de contagion apportée quarante kilomètres plus au sud, par un technicien appelé de Buenos Aires par une agence bancaire, a sensibilisé toute la population de la vallée au repérage des voitures et personnes venues d'ailleurs, ce qui est notable dans une région qui vivait jusque-là principalement du tourisme.

4 – Toits à soi

La propriété comprend à l'heure actuelle trois constructions d'habitation.

La maison principale est une vieille maison de ferme de montagne, de dimensions initiales modestes dont la superficie a été presque doublée par l'adjonction d'une grande pièce supplémentaire en 2011. La maison originale, de neuf mètres par six, consistait en un séjour-cuisine de 18 m², un petit couloir, une salle de bain de 3 m², une chambre principale de 8 m² avec une grande penderie murale, une chambre secondaire de 6 m² avec également une grande penderie murale, précédée d'une antichambre ou *dressing* de 6 m². La cuisine dispose d'un évier deux bacs (acier inoxydable), d'une cuisinière à gaz et d'un grand plan de travail en granite, d'éléments suspendus (dont un égouttoir-placard intelligemment placé juste au-dessus de l'évier) et d'éléments bas, ainsi que d'un placard mural.

On y a installé un lave-vaisselle, appareil peu commun dans la culture locale qui cuisine peu et ne change pas les assiettes en cours de repas, mais dont le cycle séchage apporte une désinfection complémentaire au lavage à l'eau de la citerne. Dans la partie séjour de cette cuisine se trouve aussi un poêle à bois moderne (sans fumée ni perte de cendres), à double chambre de combustion et à convection, dont les 2,5 mètres de tuyau de cheminée en fonte peuvent encore utilement être équipés d'ailettes de radiation. L'antichambre était utilisée par le propriétaire précédent comme chambre d'enfant (la fenêtre donnait alors sur l'extérieur), mais le propriétaire actuel l'utilise comme bureau privé, car le modem ou routeur *wifi* a été installé sur la fenêtre, désormais intérieure car donnant sur la nouvelle pièce. La salle de bain comporte WC, lavabo, bidet, grand bac de lavoir ancien (type grès) et douche, cette dernière placée à l'exigüe entre le WC et le lavoir. En ôtant le lavoir on pourrait dédier une place plus confortable à un bac de douche, et en ôtant le placard mural de la cuisine, en réalité construit dans la salle de bain, on pourrait même redimensionner celle-ci (mais ce n'est pas nécessaire).

Les murs extérieurs de la partie ancienne de la maison sont constitués de double épaisseur de brique traditionnelle pleine, du moins à partir du niveau de la dalle. La maison étant posée directement sur un sous-sol de granite incliné (il n'y a que quelques dizaines de centimètres de terre autour de la maison), de gros blocs de pierre servent de sous-bassement et d'assise à la dalle horizontale. Une moitié de la partie ancienne de la maison dispose ainsi d'un vide sanitaire d'un peu moins d'un mètre de haut, tandis que l'autre moitié dispose d'un entresol de trois pièces où l'on peut tenir debout, à laquelle on accède par une échelle et une trappe dans l'antichambre, et qui n'attend que d'être aménagé en cellier ou en abri derrière ses murs de 45 centimètres de granite. Cette maison ancienne est couverte d'un toit traditionnel, sans plafonds, fait de chevrons apparents, tasseaux et briques plates, couverture d'isolation moderne puis tuiles romaines.

Le propriétaire actuel a ajouté en 2011 à cette vieille maison une grande pièce de huit mètres par six ou 45 m² intérieurs, très lumineuse car dotée de cinq grandes fenêtres, en construction légère (briques creuses) et toit rustique, à savoir poutres apparentes d'eucalyptus, lambris, couverture isolante moderne et toit métallique couleur brique. Tout le bois de cette grande pièce lui donne un aspect chaleureux, renforcé par un carrelage imitation parquet. Cette pièce est assise sur une ancienne terrasse, en contrebas de la vieille construction compte tenu de la déclivité du terrain, et dispose d'une dalle chauffante à énergie solaire très performante et économique, conçue et réalisée par le propriétaire. Cette grande pièce pourrait facilement être divisée en deux ou trois pièces de dimensions normales, toutefois compte tenu de la présence de la tuyauterie plastique sous 8 centimètres de ciment il sera prudent, pour les ancrages, de ne pas percer plus profond que 5 centimètres sous le carrelage ; par contre le poids d'une cloison même en brique pleine n'endommagera pas la dalle. Faisant 3,75 mètres de haut à son faîte, cette grande pièce pourrait être dotée d'une petite mezzanine à coucher, en bois par exemple. La nouvelle pièce, aux murs et fenêtres plus vulnérables, est séparée de l'ancienne partie de la maison par une solide grille qui est fermée le soir, ou lorsqu'on s'absente.

La deuxième construction d'habitation est une maisonnette de six mètres par six construite dans les années 2000 comme complément à la maison principale, et utilisée essentiellement comme cuisine d'été lors de grandes réunions familiales de l'ancien propriétaire. Construite à trois mètres de la maison principale il serait difficile de la louer à des étrangers sans y perdre en intimité. Elle consiste en un séjour-cuisine de 16 m², une chambre de 8 m² et une salle de bain de 8 m². La cuisine dispose d'un évier simple bac et d'une grande cheminée à hauteur de travail idéale pour la grillade argentine en cas de pluie, mais qui a été ajoutée après la construction initiale et peut donc être démolie sans difficulté, voire remplacée par une cheminée au sol, ouverte ou avec insert. Cette salle principale est lumineuse grâce à des baies vitrées. La salle de bain moderne dispose d'un espace suffisant pour installer une baignoire à la place de la douche sans devoir déplacer le WC. On y a installé deux lave-linge et elle reste spacieuse. Le toit consiste en chevrons apparents, lambris et tuiles romaines attachées.

Cette maisonnette peut être doublée à peu de frais, il suffirait pour cela d'ôter le toit, d'élever les murs de brique pleine de la hauteur d'un étage, d'installer un simple plancher de bois et une échelle de meunier voire un escalier, et de remettre soit le toit actuel soit un toit métallique comme celui de la nouvelle pièce de la maison principale. Cela permettrait d'ajouter trois chambres à l'étage, quitte à convertir la chambre actuelle en cage d'escalier et débarras. Accessoirement ajouter un étage amènerait le toit de cette maisonnette au même niveau que celui de la maison principale, et faciliterait donc la jonction des deux constructions par une pièce en rez-de-chaussée, par exemple une cuisine plus moderne, et une chambre en étage éventuellement agrémentée d'une terrasse ou d'un balcon avec vue sur la montagne. Une autre extension possible consisterait à ôter les quelques dizaines de centimètres de terre devant cette maisonnette jusqu'au niveau du sous-sol de granite, afin d'ajouter une pièce devant, deux marches plus bas, en prolongeant vers l'avant le toit actuel, ce qui permettrait surtout d'installer sous cette extension une dalle chauffante comme dans la maison principale.

La troisième construction d'habitation est une maisonnette de huit mètres par quatre, située à une centaine de mètres de la maison principale, et utilisée un temps comme maison de gardien. Il s'agissait à l'origine d'un cabanon d'une pièce en grosses pierres de granite, auquel le propriétaire précédent a adjoint une construction en brique et un toit solide en gros hourdis couvert de tuiles. Cette maisonnette consiste en une cuisine de 3,5 m², une salle de bain de 2,5 m², une chambre de 9 m² et un séjour de 12 m². En 2012 on a mis des fenêtres fonctionnelles, refait la salle de bain à neuf et installé une cuisine simple mais fonctionnelle, avec évier à simple bac et cuisinière à gaz. Grâce à ses murs de pierre et à son toit solide, cette maisonnette jouit d'une bonne inertie thermique et procure toujours une sensation de fraîcheur en été et de douceur en hiver, même sans allumer son poêle à bois de base, en fonte. Elle pourrait également faire l'objet d'une extension simple, en élevant trois murs et en prolongeant le toit, sur une terrasse dallée devant l'une des deux entrées.

En leur état actuel et comme habitation permanente, chacune de ces deux maisonnettes peut héberger un couple (la plus éloignée a été louée en 2012 et 2013 à un retraité célibataire). La maison principale, pour sa part, peut abriter un couple avec deux grands enfants. Enfin, au titre de location temporaire d'une semaine en été les deux maisonnettes correspondent en volume et équipement à ce qui est loué aux familles constituées d'un couple avec un ou deux enfants, avec lit gigogne pour ces derniers dans le séjour. Elles sont indépendantes en eau chaude, ont leur propre disjoncteur électrique sans compteur distinct toutefois, et ont accès à l'internet *wifi* en dépit de la distance au routeur.

Les trois maisons sont à l'heure actuelle équipées seulement de douche, selon la norme argentine, et de bidet. Sans entrer dans des détails scabreux on peut noter que le régime alimentaire argentin comportant beaucoup plus de viande que de riz, la présence d'un bidet à côté des toilettes est fort utile. Cet équipement inconnu en Amérique du Nord et en voie de disparition en Europe est très généralisé en Argentine, et toujours systématiquement vendu dans les gammes de sanitaire complet avec lavabo et cabinet assortis, alors que la baignoire est plus rare. Dans le contexte de l'inévitable disparition à terme, progressive ou brutale, du papier toilette généralisé dans le monde développé au XX° siècle, la présence d'un bidet (alimenté en eau) à côté de chaque WC est une garantie de continuité de confort.

La propriété dispose par ailleurs d'un bâtiment rustique (avec électricité) divisé en d'une part un atelier et cabanon à outils fermé, et d'autre part un garage couvert mais sans porte, dont une poutrelle métallique ne demande qu'à recevoir un grand rideau à lames de plastique. Ce garage est très large pour une voiture (on y entrepose aussi une tondeuse assis et du bois de chauffage), mais pour en mettre une deuxième il faudrait déplacer d'un demi-mètre la cloison de brique le séparant de l'atelier. Enfin il y avait devant ce garage une fosse à vidange, à laquelle on accède, debout, par une ouverture devant la maison, que l'on a en 2018 nettoyée et couverte de poutrelles et hourdis pour la convertir prochainement au pire en une niche à chien, et au mieux en une champignonnière.

Située hors du périmètre urbain la propriété n'est soumise ni à plan d'occupation des sols ni à permis de construire : on peut modifier ou ajouter à loisir. Sur le plan fiscal on est censé déclarer toute nouvelle construction d'habitation pour faire modifier la base d'imposition calculée sur la surface construite habitable, ce que peu de gens font réellement. Au-delà d'un paradis fiscal, il s'agit d'un pays libre à un point qu'un Européen (ou un Chilien) a du mal à imaginer. La propriété voisine au sud a en vingt ans construit une douzaine de maisons de taille normale dédiées à la location saisonnière, non déclarées comme surface habitable car pas occupées à l'année ni équipées de chauffage.

En théorie le code municipal de la construction interdit toute construction d'habitation nouvelle à l'est du ruisseau, pour des raisons de sauvegarde du milieu naturel, ce que certains voisins quelques kilomètres en amont ont contourné en déclarant la construction d'abris saisonniers ou d'étables et bergeries. En fait il n'existe pas dans la province de loi de démolition, donc toute infraction flagrante au code de la construction se traduit au pire par l'imposition d'une amende, que certains infracteurs conscients prévoient simplement dans leur budget. Dans le périmètre urbain cependant, il faut pour enregistrer une construction nouvelle déposer des plans certifiés par un architecte et respectant notamment les normes antisismiques, électriques etc., mais certaines constructions ne sont déclarées qu'au moment de la vente (parfois une génération plus tard), après relevé de régularisation effectué par un architecte. On peut faire installer une ligne électrique avec compteur sur simple demande, sans projet de construction voire parfois sans titre de propriété.

Pour tout projet de construction ultérieur, la propriété dispose de pierres et de sable à volonté.

5 – Ruisseau privé

Pour ce qui est de l'eau, la ressource la plus importante pour la vie, ce refuge autarcique est totalement indépendant.

Le ruisseau Casas Viejas traverse le terrain, à moins d'une centaine de mètres en contrebas du groupe de maisons. Ce ruisseau appartient à l'État provincial, donc sur le plan cadastral il occupe une petite parcelle qui sépare les deux parcelles constituant la propriété. Étant du domaine public on ne peut interdire son cours aux personnes qui viennent s'y baigner l'été, en pratique les touristes hébergés sur la propriété voisine qui remontent dans le lit du ruisseau. Mais il n'y a aucune servitude de passage pour accéder au ruisseau par le territoire du refuge, ni des voisins d'ailleurs, aussi en pratique il est d'usage privé. Il est long de plusieurs kilomètres, longé par une route non goudronnée où se trouvent des maisons isolées et quelques vieilles fermes, et il se jette dans la rivière Mina Clavero moins d'un kilomètre plus loin, en y arrosant un long et large plan incliné monolithique, dit pompeusement tobogans naturels, qui constitue l'attraction touristique du coin, un complexe balnéaire avec buvette.

Le douzième travail – un refuge autarcique

Ce ruisseau suffit largement aux besoins des propriétés qu'il parcourt mais il a un débit très irrégulier. Pour l'essentiel de l'année ce débit doit être de l'ordre d'une quinzaine à une vingtaine de litres par seconde, et paraît bien supérieur puisqu'il ne s'agit pas d'un sillon ou d'un canal régulier mais d'une succession de bassins naturels où l'eau est retenue même si elle se renouvelle sans cesse. Au plus fort de la sécheresse hivernale le débit se réduit sensiblement, et une fois il s'est réduit pendant une semaine à l'équivalent d'un robinet.

Le ruisseau grossit après chaque pluie puisque le sol environnant, très fin voire absent sur un sous-sol monolithique de granite imperméable, n'a pratiquement aucune capacité d'absorption. Il y a aussi une dizaine à une vingtaine de crues dans l'année, après les plus gros orages d'été, la saison pluvieuse. La crue, prévisible une heure après le début de l'orage et annoncée par un grondement cinq minutes avant (le temps qu'elle parcoure les dernières centaines de mètres en amont), ressemble aux plus grosses rivières de France hors système fluvial, et rend le ruisseau intraversable pour plusieurs heures ; il y a d'ailleurs une passerelle aux bains "tobogans" pour les touristes surpris de l'autre côté. Chacune de ces crues doit charrier un débit de plusieurs milliers de fois le débit normal, donc ces dix à vingt crues doivent représenter de l'ordre de 99% du débit annuel, d'où d'une part l'intérêt des retenues d'eau, et d'autre part le caractère globalement insignifiant de tout le prélèvement d'eau que peuvent effectuer les riverains pendant l'année.

Ruisseau privé

Il n'y a aucune source de pollution agricole ou urbaine sur le parcours de ce ruisseau mais on ne peut pas exclure une contamination fécale passée par le sol depuis les fosses septiques de l'habitat isolé en amont. Hormis après les crues l'eau est transparente, avec une légère teinte vert ou marron selon le moment ce qui témoigne d'une richesse organique intéressante pour l'irrigation. Après avoir arrosé la partie habitée de la grande propriété en amont (une auberge de luxe pour séjours avec randonnées équestres) le ruisseau parcourt cependant encore un kilomètre sans pollution humaine, avec une profondeur moyenne d'une dizaine de centimètres sur un fond de roche à ciel ouvert où la stérilisation solaire par ultraviolets joue à plein.

Il ne peut jamais être totalement asséché car un autre ruisseau perpendiculaire et plus petit, entièrement situé sur le territoire de l'auberge rurale de luxe, vient se jeter dans le ruisseau Casas Viejas juste avant son entrée sur le territoire du refuge, et ce ruisseau n'est capté nulle part sur son court trajet. Pour sa part le ruisseau Casas Viejas, sur son parcours de cent vingt mètres entre les deux parcelles du refuge autarcique, rencontre deux barrages, un petit à son arrivée dans la propriété et un grand à sa sortie.

Le petit barrage, d'une hauteur moyenne de quelques dizaines de centimètres, doit retenir de l'ordre de dix à vingt mille litres, au soleil toute la journée et avec un fond de pierre (un peu de gravier sans terre à la partie la plus profonde). Cette retenue, coincée entre une barre naturelle monolithique, une plage de pierre également d'un seul tenant et le petit barrage de pierres cimentées, n'a qu'un sixième de berges de terre sur la totalité de sa périphérie. S'il y a des poissons, évidemment les crues lavent le fond et interdisent le dépôt de terre et l'enracinement de plantes : l'eau est propre, et c'est là que se sert le refuge autarcique, avec ses pompes bélier. Un frileux comme le propriétaire actuel, méditerranéen, peut s'y baigner huit à neuf mois sur douze.

Le plus grand barrage, véritable mur d'un mètre de large, a deux petites vannes manœuvrées et entretenues par le voisin en aval, sur le territoire duquel il s'appuie. Celui-là retient vraisemblablement de l'ordre de la centaine de milliers de litres, et en cas d'assèchement du climat il pourrait voir sa capacité sensiblement augmentée par un simple curage, à la pelle, des dizaines de mètres-cube de terre riche accumulés sur la rive résidentielle, et de sable sur la rive sauvage. C'est de là que tire la pompe électrique silencieuse de la propriété voisine en aval, et là que le refuge autarcique a deux embouts immergés pour ses pompes électriques, dont la dernière utilisation remonte à une dizaine d'années (sècheresse hivernale). Entre les deux barrages se trouvent deux autres emplacements possibles, avec appui sur une barre rocheuse et fondation dans une faille, pour un grand et un petit barrage.

Ce ruisseau, cours d'eau principal et le plus accessible de la propriété, dépose du petit bois mort idéal pour démarrer un poêle ou pour utiliser dans

Ruisseau privé

un poêle-fusée, mais trop léger pour faire des braises pour la grillade.

Un autre petit ruisseau de quelques centaines de mètres, né sur la propriété et ne la quittant quelque peu qu'au moment de se jeter dans le ruisseau Casas Viejas sur le territoire de la propriété en aval, présente la particularité d'arroser d'abord un vallon (qu'il a creusé au fil du temps) avec un petit étang, puis une jolie prairie naturelle qui ne demande qu'à être convertie en potager de terre riche mais peu profonde, puis de s'engouffrer dans quelques courbes pittoresques... Enfin son parcours se termine, peu avant de quitter le territoire de la propriété, par plusieurs citernes naturelles successives de plusieurs mètres de long, plusieurs mètres de profondeur et un mètre de large (on peut sauter par-dessus) taillées dans le granite par ledit ruisseau. En vidant ces citernes des cailloux et de la terre qui s'y sont accumulés, voire en les recouvrant d'un petit toit de ciment ou de tôle, il y aurait là une capacité d'accumulation naturelle de plusieurs dizaines de milliers de litres, au point d'inciter à y construire une nouvelle maison plus autonome.

Cette eau ne connaît que la pollution animale sur le territoire de la propriété (vaches et chevaux), et une vieille voisine vivant à son confluent avec le ruisseau Casas Viejas la boit.

À l'est de la ligne de crête principale, d'autres petits ruisseaux plus ou moins permanents se forment sur le territoire de la propriété pour se jeter ensuite dans la rivière Mina Clavero, au sud.

Un seul est assez important pour avoir formé un joli vallon avec une prairie et quelques saules pleureurs, qui invite à une retraite sous la tente.

La rivière Mina Clavero, née de la réunion de plusieurs ruisseaux en une cascade de cent mètres de hauteur huit kilomètres à l'est de la propriété (visible de celle-ci), forme sur une longueur de six cent soixante mètres la limite sud de la portion de terrain la plus éloignée du groupe résidentiel (la tête de hache). Tombant de la montagne sur une distance courte c'est une eau plus froide que celle du ruisseau Casas Viejas, et il s'y trouve des truites. C'est une rivière permanente, qui connaît aussi un régime de crues immédiates en cas d'orage. Il est possible de remonter à pied de la propriété jusqu'à la chute d'eau, et donc à la route juste au-dessus, mais c'est une randonnée de plusieurs heures. Le lit de la rivière, encombré de grosses roches, est peu praticable, mais ses rives pourraient donner lieu à l'établissement de quelque cabane-refuge pour la randonnée ou les retraites en ermite de quelques semaines. La descente vers la rivière, à partir du chemin interne de la propriété, est assez escarpée. Les dix kilomètres de cette rivière, entre la chute d'eau qui lui donne naissance, et le village de Mina Clavero où elle conflue avec la rivière Panaholma et change de nom, ont été plébiscitées en 2018 comme l'une des sept merveilles naturelles d'Argentine. Le refuge autarcique en est donc l'un des quelques riverains.

6 – Eau illimitée

Avec ou sans électricité, avec ou sans services municipaux, le refuge autarcique aura certainement toujours de l'eau. Pour l'eau utilitaire il dispose de deux pompes bélier (hydrauliques) installées dans la rivière, qui ne peuvent effectuer qu'une ponction partielle puisque c'est la libération de (de l'ordre de) 90% de l'eau qui y entre qui produit la force pour élever les (approximativement) 10% restants jusqu'au réservoir. Alimentées par une conduite forcée de deux mètres de dénivelé au bas du petit barrage, ces pompes élèvent l'eau de vingt mètres pour approvisionner le réservoir de treize mille litres au-dessus du niveau des toits des trois maisons. La plus petite pompe suffit à une consommation familiale (quelques centaines de litres quotidiens) si elle est en service permanent. La plus grande suffit si on la met en service un jour par semaine, ou trois jours toutes les trois semaines.

Enfin il existe deux pompes électriques, habituellement débranchées et rangées mais qui peuvent être installées en cas de sécheresse prolongée car leurs embouts de pompage sont immergés dans la plus grande retenue d'eau (certes moins claire que la petite). Chacune d'elle peut remplir le réservoir de treize mille litres en une journée. Ce château d'eau décagonal de type australien consiste en dix plaques de ciment carrées d'un mètre vingt de côté assemblées, avec un fond de béton et un toit de tôle ondulée, constituant ainsi une surface de 11 m² et un volume de 13 m³. Il représente donc trois à quatre semaines de consommation domestique (hors irrigation éventuelle), et l'eau qui dessert les maisons par gravité y est ainsi déjà naturellement décantée.

Mais cela reste de l'eau de rivière et la première chose que l'on dit aux visiteurs est que l'eau du robinet n'est pas potable, sans leur préciser que la maîtresse de maison s'y lave néanmoins les dents tous les jours. S'agissant d'eau de ruissellement sur un sous-sol de granite à peine couvert (pas partout) d'un peu de terre, elle ne charrie ni calcaire, ni soufre ni métaux lourds. On l'utilise pour la toilette (douche) et les usages domestiques. Le linge ressort blanc du lave-linge, avec une dose réduite de lessive, voire pas du tout selon la saleté. On a aussi installé un lave-vaisselle, appareil peu utilisé en Argentine où les gens cuisinent peu, essentiellement pour le séchage à l'air chaud qui doit partiellement aseptiser, par exemple pour les bocaux à confitures, ou pour toute vaisselle quotidienne de plus de deux convives.

Pour l'eau chaude sanitaire les trois maisons de la propriété disposent de systèmes séparés et différents. La maison principale est équipée d'un chauffe-eau solaire de quinze tubes et cent cinquante litres, suffisant pour une famille de quatre ou cinq personnes qui y prendraient aussi leurs douches. Ce chauffe-eau solaire dispose d'une résistance électrique de complément, capable d'amener cent cinquante litres à 65°C pendant la nuit. Actionnée par un simple interrupteur, elle n'est pas utile pour un seul jour de ciel couvert mais pourrait l'être si la couverture nuageuse durait plusieurs jours, surtout si cela arrivait l'hiver (rare).

La maisonnette récente à côté de la maison principale est équipée d'un chauffe-eau électronique à gaz, qui ne comporte pas de flamme-pilote (économie non négligeable), s'allume grâce à une petite pile électrique lorsqu'on ouvre le robinet d'eau chaude, et n'apporte que la chaleur nécessaire pour porter l'eau à la température sélectionnée, entre 35 et 50°C. La température est bien mesurée en sortie du chauffe-eau et pas à l'entrée, le thermostat dosant donc la flamme pour amener l'eau à la température désirée, et brûle ainsi plus ou moins de gaz selon la température d'entrée, qui varie évidemment d'un moment à l'autre de la journée. La commande digitale simple en plus et moins pour afficher la température sélectionnée permet que chaque utilisateur puisse choisir sa température de douche, voire la modifier en cours de douche s'il est prêt à en sortir et à marcher deux pas pour cela. Ce chauffe-eau est branché sur une bouteille de gaz de 45 kg, amenée par un livreur sur préavis de deux ou trois jours, qui pour la douche de deux personnes dure de l'ordre de six mois. En cas d'implantation d'une baignoire on envisage d'installer un autre chauffe-eau solaire, qui pourra d'ailleurs aussi alimenter un ou deux radiateurs de type chauffage central en cas d'hiver rigoureux, surtout si le réchauffement climatique permet d'ôter le poêle à bois de la maison principale.

La maison principale ayant aussi une bouteille de gaz de 45 kg pour la cuisinière, qui dure plus (pour deux personnes), on dispose en permanence de deux bouteilles de gaz en réserve, soit un an d'autonomie sans rationnement.

La vieille maisonnette "du gardien" est équipée d'un ballon d'eau chaude de quatre-vingts litres à thermostat, à gaz également mais avec une flamme-pilote, que l'on n'allume donc que lorsque cette maisonnette est occupée. Il est branché sur une bouteille de gaz de 15 kg (installée à l'extérieur comme les autres), dont on garde également une neuve en réserve, qui est livrée comme celles de 45 kg mais peut aussi être échangée par soi-même dans n'importe quel commerce. Enfin cette maisonnette a un toit assez solide, et une assez bonne orientation sans ombre, pour être équipée d'un chauffe-eau solaire. Le chauffe-eau solaire est très présent dans la région, des maisons individuelles aux hôtels, et il y a plusieurs vendeurs à Mina Clavero.

Au total il y a donc trois sources d'eau chaude, le soleil, l'électricité et le gaz. Pour sa part le maître de céans préfère se baigner l'essentiel de l'année dans le ruisseau, sauf durant l'hiver court mais froid et les orages d'été, quitte à balayer de temps en temps au balai-brosse le fond du bassin de baignade, pour que le granite lisse comme du ciment ne glisse pas.

Par ailleurs il reste sur le toit de la maison principale deux réservoirs en plastique d'un total de six cents litres (deux à trois jours de consommation), qui peuvent être reconnectés en quelques minutes, comme on l'a fait en 2018 pour refaire l'étanchéité intérieure (peinture des joints d'assemblage) de la grande citerne, nécessité qui s'est imposée au bout d'une vingtaine d'années d'utilisation.

Du temps du propriétaire précédent un petit canal prenait de l'eau du ruisseau cinq cents mètres en amont et l'amenait à la propriété, puis à celle en aval. Ce canal en pierre chaulée, dont le tracé existe encore, nécessitait un entretien permanent car les vaches et chevaux de la propriété traversée (l'auberge rurale de luxe) l'abîmaient. Il desservait un lavoir extérieur (toujours là) derrière la maison principale, mais passait à une hauteur insuffisante pour alimenter le moindre robinet intérieur. Il faudrait certainement à un homme seul plusieurs semaines de travail pour remettre ce canal en condition.

Il est difficile d'imaginer que cette propriété puisse un jour manquer d'eau.

Le douzième travail – un refuge autarcique

7 – Boisson à volonté

Une entreprise de potabilisation d'eau par osmose inverse livre par camion des bombonnes de vingt litres, lors de sa tournée hebdomadaire sur le chemin des artisans. On retourne alors la bombonne sur un simple support avec robinet, qui ne nécessite pas d'électricité comme les cabinets dispenseurs d'eau réfrigérée (et d'eau bouillante pour le maté) qu'on trouve dans les collectivités. On a en permanence au refuge autarcique une dizaine de bombonnes consignées, représentant donc plusieurs semaines d'avance puisqu'il faut compter une bombonne (vingt litres) d'eau potable par personne et par semaine.

On ne saurait cependant rester dépendant d'un fournisseur extérieur pour une nécessité aussi vitale que l'eau potable. Aussi, pour la résilience durable on a installé derrière la maison principale un système de filtration pour obtenir d'abord de l'eau inoffensive (que l'on ne peut pas considérer officiellement comme potable), c'est-à-dire propre à laver les fruits et légumes ou faire tremper la salade verte. Venant de la citerne de décantation naturelle (qui suffit aux usages domestiques comme douche et lave-linge), cette eau est d'abord préfiltrée par une cartouche à 50 microns qui élimine les impuretés les plus grosses pour éviter que le filtre plus fin se colmate trop vite, puis elle est filtrée par une cartouche à 5 microns. Ces deux cartouches filtrantes ont été installées en amont d'un petit réservoir en céramique d'une contenance de douze litres, avec coupure automatique de l'alimentation par flotteur (système de chasse d'eau), et robinet de sortie. Ainsi le remplissage est certainement lent à travers ces filtres mais la maîtresse de maison a toujours dans ce réservoir douze litres disponibles, sans qu'il s'en filtre plus que nécessaire.

Cette eau, inoffensive pour laver les légumes crus (bien moins pathogène que celle utilisée sur les laitues du commerce) ou se laver les dents, devient totalement potable après élévation à température d'ébullition (fût-ce une seule seconde), c'est-à-dire qu'elle peut être utilisée pour le café ou le thé, et bien sûr pour les aliments cuits par ébullition comme légumes, riz et pâtes, ou les aliments cuits au four à plus de 100°C, comme le pain. Il serait aussi possible de faire bouillir chaque jour les quelques litres d'eau de boisson du lendemain, refroidie et réoxygénée pendant la nuit. Au cas où le gaz en bouteilles viendrait à disparaître, et la potabilisation de l'eau étant certainement plus cruciale que la cuisson de la nourriture, on a préparé un petit foyer-fusée prévu pour supporter un gros fait-tout d'eau ; le ruisseau charriera toujours assez de petit bois mort pour alimenter ce petit foyer.

Pour l'eau potable on a aussi actuellement dans la maison principale un filtre par gravité à cartouche céramique, système Doulton (popularisé par British Berkefeld). De l'eau seulement décantée colmaterait trop vite la céramique, aussi verse-t-on dans le récipient supérieur du filtre l'eau inoffensive issue du système décrit ci-dessus, qui passe en quelques heures dans le récipient inférieur muni d'un robinet. L'eau est alors parfaitement potable sans nécessité d'ébullition, d'ailleurs c'est le système utilisé par exemple en Afrique dans les pays où sévit le choléra. Les réservoirs supérieur et inférieur du filtre en question ne sont pas en acier inoxydable comme ceux de British Berkefeld ou en matière plastique comme leurs copies modernes, mais en terre cuite poreuse, donc un peu d'évaporation permanente, qui consomme des calories, refroidit le récipient et maintient l'eau à une certaine fraîcheur, qui n'est cependant pas la froideur agressive d'un réfrigérateur.

Il est néanmoins judicieux de garder en tout temps un jeu de deux seaux propres type cinq litres en plastique alimentaire avec couvercle (et robinet pour le seau inférieur), de manière à reconstituer en quelques minutes un filtre à gravité équivalent, au cas où celui en terre cuite viendrait à être brisé : il suffirait alors d'installer la cartouche filtrante (ou une neuve de réserve) au fond du seau supérieur. Cette cartouche filtrante, comme les deux évoquées plus haut, ne procède que par filtration mécanique (taille des pores inférieure à celle des microbes) et offre donc une très grande durée de vie à condition d'être délicatement nettoyée de temps en temps à la brosse souple ou à l'éponge, contrairement à une cartouche à charbon actif faite pour fixer les métaux lourds et poisons chimiques (absents de ce ruisseau) mais qui finit par les laisser passer lorsqu'elle est saturée. Une telle cartouche filtrante, standard et bon marché, est simplement vissée dans un trou au fond du récipient supérieur pour que l'eau filtrée s'en écoule dans le récipient inférieur.

Selon les marques, cette cartouche filtrante dite "bougie" est vendue sous l'étiquette de 0,3 ou 0,5 voire 0,9 microns mais il s'agit de la même céramique compressée, qui apporte une protection absolue (supérieure à 99,99%) contre les particules et microbes de 0,9 microns et une protection nominale (supérieure à 99,9%) pour les particules et microbes de 0,5 microns. Cela signifie que la protection est absolue face aux bactéries pathogènes comme escherichia coli, choléra, shigella, typhoïde, klebsiella terrigena, cryptosporidium, giardia… peu importe quelles épidémies séviraient dans l'habitat dispersé en amont, même un déversement direct des fosses septiques dans le ruisseau ne pourrait contaminer les habitants du refuge autarcique. Sur ce plan pourtant primordial, les populations urbaines sont plus vulnérables à l'introduction, fortuite ou volontaire, d'agents pathogènes dans les châteaux d'eau potabilisée même chlorée qui desservent les maisons.

Dans l'optique d'une occupation permanente des trois maisons (famille plus deux couples sans enfants) il serait toutefois judicieux, pour le confort, de prévoir deux autres filtres à eau potable système Doulton, le préfiltre à eau inoffensive derrière la maison principale pouvant rester commun.

Dans la région les maisons modernes construites sans accès à l'eau sont généralement accompagnées d'un forage, qui finit tôt ou tard par rencontrer une faille dans le granite, où s'infiltre l'eau. Ces forages effectués directement dans la pierre ne nécessitant pas de chemisage avec un tuyau intérieur, leur coût n'est pas prohibitif. La propriété immédiatement voisine en aval dispose ainsi d'un forage qui a trouvé de l'eau à cinquante mètres de profondeur, potable et en quantité suffisante à tous les besoins d'une famille de cinq personnes. Elle ne pompe l'eau de la rivière que l'été, pour la piscine et la consommation domestique (douches) de sa dizaine de logements temporaires.

Le douzième travail – un refuge autarcique

8 – Résilience alimentaire

La partie la plus utile de la propreté, autour des maisons à l'ouest du ruisseau, comporte un verger et des arbres isolés. L'inventaire est évolutif mais en 2020 on compte une dizaine de mûriers (et beaucoup de jeunes), dont deux produisant des mûres blanches aussi fruitées que les noires pour la confiture, quatorze abricotiers productifs plus quelques jeunes, une vingtaine de cognassiers productifs, cinq poiriers productifs, quatre jeunes orangers plus un grand qui peut donner jusqu'à une centaine de kilos de bigarades (en fait douces comme des mandarines) par an, un olivier productif, un poncirier productif et une vingtaine de jeunes prêts à être greffés en citronniers ou mandariniers, trois noyers productifs, un figuier productif plus six jeunes, deux pieds de vigne productifs plus quelques jeunes, trois figuiers de Barbarie (presque sans épines) productifs plus quelques jeunes, trois chênes…

Comme plantes aromatiques ou médicinales on a installé des plants de romarin, verveine citronnée, lavande, origan, estragon et rue. Il y a aussi quatre eucalyptus, quelques saules pleureurs, quatre pins et quelques cyprès. Les eucalyptus ne sont pas de la variété dite médicinale mais leurs feuilles vont très bien en inhalation en cas de rhume, et l'écorce des saules pleureurs contient un acide salicylique naturel aussi utile en lieu d'aspirine que comme hormone de bouturage. Torréfiés, les glands des trois chênes peuvent fournir un bon substitut au café, bien qu'on n'en ait plus envie après avoir goûté aux tisanes de menthe, de verveine citronnée (feuilles fraîches l'été et sèches pour l'hiver) ou de pelure d'oranges (fraîches l'hiver et sèches pour l'été), qui n'étant pas traitées peuvent servir autant en infusion (juste l'épiderme orange en évitant le zeste blanc) qu'en confiture, les jeunes feuilles d'oranger servant pour leur part à parfumer des desserts comme flans et biscuits. Les Argentins ne buvant pas d'eau mais essentiellement des boissons gazeuses, quelques glands de chêne donnent facilement des dizaines de litres d'une piquette moins douce que le kvas russe.

Dans le ruisseau on trouve du cresson de fontaine et une menthe poivrée.

On a installé un jardin potager de cent cinquante mètres carrés (actuellement négligé) et il y a au moins un emplacement de terre profonde, de ce côté de la rivière, où on pourrait installer un deuxième potager du double de cette surface. De l'autre côté de la rivière se trouvent plusieurs vallons traversés par des ruisseaux et où s'est accumulée de la terre noire, qui pourraient être cultivés moyennant une présence dissuasive pour les grands herbivores. La richesse organique naturelle de l'eau pompée dans la rivière dispense de tout ajout d'engrais, cependant le crottin de cheval et la bouse de vache secs sont tellement répandus dans la nature adjacente qu'il suffit de dix minutes de promenade pour remplir (avec une pince à braises) un seau de vingt litres.

Il est impossible d'imaginer une famine humaine sur cette propriété. Au pire, rien que les oranges l'hiver et les feuilles de mûrier l'été représentent plus que ce qu'une famille affamée pourrait engloutir. Comme tous les fruits d'une même espèce ont tendance à mûrir en même temps nonobstant une semaine ou deux d'écart d'un arbre à l'autre, la maîtresse de maison s'est sentie obligée les premières années de faire bien plus de confitures qu'on en peut manger ou offrir, puis d'en jeter, et enfin de faire des confitures pour les vendre, ce qui n'est certes pas difficile tant qu'on peut acheter du sucre à volonté. Pour sa part le maître de céans préfère sécher certains fruits, notamment les trop nombreux abricots (ouverts en deux et dénoyautés) et les figues, sur le toit métallique propre de la citerne, la plupart sans même nécessité de les couvrir d'une moustiquaire. Par 32° de latitude le soleil les dessèche en deux ou trois jours sans les cuire.

Côté protéines, les œufs du poulailler sont très riches et leur jaune est d'une intensité qui surprend même les habitués des œufs dits "bio" ou de ferme, les poules étant en liberté toute la journée pour chercher leur pitance du compost humide du ruisseau aux broussailles sèches de la colline en passant par les arbres fruitiers, en plus du déjeuner de maïs servi le matin dans le poulailler. Il faut aussi tuer quelques coqs pour éviter les bagarres.

De l'autre côté du ruisseau un troupeau de chèvres a pris l'habitude de venir débroussailler tous les jours, en dépit des plaintes envers son propriétaire. Deux carabines à répétition semi-automatique attendent une absence prolongée de la trop sentimentale maîtresse de maison, pour procéder au remplissage instantané des congélateurs et d'un bac de salaison.

Cependant, en cas de perte soudaine de la normalité, et de perspective de sérieuses difficultés économiques ou alimentaires, on se tournera vers les quelques vaches qui ont tendance à s'égarer sur la propriété en dépit de la clôture barbelée qui l'entoure totalement hormis du côté abrupt de la rivière Mina Clavero. Contrairement aux chèvres de passage pour quelques heures, les vaches en séjour prolongé viennent boire au ruisseau le soir. Mais s'il est facile pour un homme seul de tuer, dépecer puis ramener par pièces une vache, il faut trois personnes (même un homme et deux enfants), ou un bon utilisateur du lasso comme le voisin immédiat qu'on appelle pour la tonte annuelle des brebis, pour ramener une vache vivante, inévitablement suivie de son veau, du côté de la maison.

La loi argentine est claire, le propriétaire d'un terrain peut occire et consommer un animal non identifié, voire tatoué et appartenant à un tiers, dès lors qu'il s'est introduit sur sa propriété. Sans considérer les races de 500 à 700 kg de la riche pampa verte, en Argentine la moindre vache de 450 kg porte au moins 150 kg de muscle pur (désossé et dégraissé) et le taurillon de 300 kg porte au moins 100 kg de muscle pur, le rendement général des croisements argentins étant meilleur que celui des races anglaises dont ils sont issus. De plus à race équivalente les bovins des montagnes de Córdoba sont connus pour être plus musclés et moins gras que ceux de la plaine, mais on gardera les ordres de grandeur nationaux faute de données spécifiques. On peut donc retenir que chaque vache adulte porte trois kilos de viande par semaine de l'année, et que chaque jeune taurillon porte deux kilos de viande par semaine de l'année. La capacité de la propriété est de quinze grands animaux permanents (vaches et chevaux confondus), avec leur petit de l'année.

On doit cependant considérer qu'une rupture durable de la normalité impliquerait à terme l'interruption de la fourniture électrique et donc le réchauffement des congélateurs, par ailleurs la salaison de la viande demande du travail et n'est pas excellente pour la santé. Aussi, pour préparer et conserver la viande d'un ovin abattu, au refuge autarcique on considère qu'il serait plus judicieux de procéder comme les indigènes de Nouvelle-France, à savoir débiter la viande en tranches et sécher celles-ci au soleil, soit directement sur toit métallique soit éventuellement dans de simples séchoirs à moustiquaire et circulation naturelle d'air. Pour mémoire il y fait soleil de l'ordre de 320 jours par an.

Le douzième travail – un refuge autarcique

En l'absence de limitations de stockage en volume, il est facile d'aligner, par exemple dans le vide sanitaire sous la maison principale, des grandes poubelles en plastique contenant sacs de farine, de riz, de sucre ou de sel, ou encore d'empiler des bidons de dix litres d'huile végétale ou de cinq litres de détergent. On l'a fait en février 2020, avant même que le coronavirus ne soit déclaré à Buenos Aires. Partant de l'habitude d'effectuer des achats semestriels au prix de demi-gros dans la capitale de Córdoba plutôt qu'hebdomadaires au prix de détail dans les supermarchés locaux, il a suffi d'augmenter les quantités.

De plus une ferme organique de la vallée a décidé, après la fermeture des places de marchés, de procéder à une tournée hebdomadaire de distribution de légumes (sur commande). Enfin les achats sur internet sont livrés par courrier privé jusqu'aux fermes isolées, ce qui est pratique pour les bidons d'huile d'olive, le vin rouge et autres piles rechargeables dont la valeur unitaire sur internet supporte avantageusement l'ajout des frais de port. Finalement le paiement par débit direct ou par carte a aussi du bon, ces modifications d'habitudes réduisant le besoin d'espèces (en l'occurrence on n'en a dernièrement utilisé que pour les légumes et l'eau de boisson).

9 – Énergie renouvelable

Dans beaucoup de régions du monde la plus grosse dépense énergétique est celle consacrée au chauffage. C'est donc logiquement celle que l'on a voulu minimiser, dans cette région où, par 32° de latitude sud, la température moyenne annuelle est, à mille mètres d'altitude, à peine quatre degrés au-dessus de la température moyenne annuelle en Provence.

La nouvelle pièce de 45 m² adjointe à la vieille maison principale est assise sur une dalle chauffante à énergie solaire directe, particulièrement performante et économique.

Pour isoler cette dalle, et éviter qu'elle chauffe les murs extérieurs ou le sous-sol granitique, le sol de sable tassé de cette ancienne terrasse a d'abord été recouvert de polystyrène expansé à haute densité de 2 cm d'épaisseur, qui remonte sur les côtés (caché par la plinthe) pour que la dalle ne touche même pas les murs extérieurs. Puis on a déroulé 280 m de tuyau de polyéthylène réticulé (attaché à un treillis métallique) de 16,2 mm de diamètre intérieur, espacé de 15 cm soit 7 m de tuyau par mètre carré de sol, et recouvert d'une neuvaine de centimètres de ciment, soit de l'ordre de dix centimètres avec le carrelage. En fait ce tuyau est divisé en trois boucles noyées dans trois dalles, séparées d'un joint d'expansion en polystyrène.

On a installé un répartiteur de flux (dit "collecteur") à quatre sorties, l'une restant ainsi disponible pour un futur circuit supplémentaire. L'idée sous-jacente est d'installer un jour une cloison radiante dans la partie vieille de la maison, remplaçant soit la cloison entre la petite chambre et l'antichambre soit plutôt celle entre la petite chambre et la grande, par la destruction des penderies et l'installation d'une poutre métallique de faîte, puis le remplacement de la cloison de briques empilées à l'horizontale par une cloison de briques de demi épaisseur, sur le chant et séparées par un serpentin noyé dans du ciment.

Le répartiteur de flux est connecté à une petite pompe dite circulatrice de 50 watts. À une dizaine de mètres de là, on a installé au sol (sur piliers d'un mètre de haut) un capteur solaire constitué d'une batterie de cinquante tubes sous vide, identiques aux quinze tubes du chauffe-eau, mais également inclinée à 60° par rapport à l'horizontale, pour optimiser la captation pour l'hiver (à 32° de latitude) plutôt que sur toute l'année. Tous les professionnels voulaient vendre des réservoirs avec serpentins d'échange de fluides caloporteurs, des systèmes de contrôle informatisé, des thermostats d'ambiance et autres accessoires.

Il faut dire qu'en Argentine (Patagonie par exemple) les rares planchers chauffants ont été conçus pour être couplés à des chaudières à gaz ; la dalle fait alors deux ou trois centimètres d'épaisseur, aussi est-elle très réactive, il suffit que la chaudière s'allume le soir pour envoyer de l'eau chaude à effet immédiat lorsque le thermostat d'ambiance le demande, et l'arrêt de la chaudière par le thermostat produit aussi un refroidissement notable en une heure. Mais connecter un tel système très réactif à un capteur solaire impose de décharger les calories pendant les heures d'ensoleillement dans un réservoir, puis venir les y chercher la nuit pour chauffer. En plus de quadrupler la facture, cela aurait compliqué le système, donc ajouté des vulnérabilités, de la maintenance et des points de déperdition calorique.

Aussi on a préféré connecter le capteur solaire en direct, donc avec un minimum de déperdition, les dix centimètres de la dalle de ciment emmagasinant les calories aussi bien qu'un réservoir d'eau. Cette dalle ayant bien deux jours d'inertie, la chaleur qui s'en dégage chaque jour (nuit et jour uniformément) vient de l'ensoleillement de l'avant-veille même si le ciel était couvert la veille. Un thermostat est inutile, néanmoins l'existence de robinets de dosage sur le répartiteur de flux permettra, si l'on divise un jour la grande pièce par des cloisons ou si l'on ajoute un quatrième circuit pour une cloison radiante entre les chambres, d'ajuster séparément le débit d'eau chaude envoyé dans chaque circuit.

On est loin d'atteindre les 28°C au sol que le confort recommande de ne pas dépasser. Le matin on sent certes la différence en touchant de la main le sol tiède en comparaison avec le mur froid, puis dans la journée (le mur et l'air extérieur se réchauffant) on l'oublie carrément. Surtout, il s'agit d'une chaleur rayonnante, c'est-à-dire qu'on chauffe les meubles par contact et non pas l'air par convection. Dans une pièce chauffée par convection l'air chaud s'accumule au plafond et laisse les pieds au froid, et on ne ressent la chaleur que lorsqu'on est immergé dans l'air chaud.

Au contraire, dans une pièce chauffée par radiation les éléments radiants (sol et meubles à son contact) envoient la lumière infra-rouge vers le corps même à travers une masse d'air froid, ce qui explique l'agréable sensation de chaleur que l'on ressent, en extérieur et en plein hiver, devant un mur ensoleillé. On estime généralement que pour procurer la même sensation de confort, une pièce chauffée par convection doit être de l'ordre de trois degrés plus chaude que la même pièce chauffée par radiation. Cela signifie qu'une pièce chauffée par radiation à 17°C est aussi confortable qu'une pièce chauffée par convection à 20°C.

La surface exposée des cinquante tubes de 5,8 centimètres de diamètre totalise 5 m². Loin du climat océanique de Buenos Aires, l'hiver est dans les montagnes centrales la période la plus ensoleillée de l'année, et les statistiques pluriannuelles locales indiquent que de mai à août inclus chaque mètre carré reçoit 3000 watts par heure d'ensoleillement (trois fois plus que la moyenne métropolitaine française), plus précisément 3300 watts horaires en mai et août et 2700 watts en juin et juillet, où le soleil plus bas sur l'horizon chauffe moins (ses rayons obliques traversant une plus grande épaisseur d'atmosphère). Compte tenu du rendement établi des tubes sous vide, chaque mètre carré de tube capte donc au moins 2000 watts par heure d'ensoleillement au plus fort de l'hiver. Actuellement le soleil touche le capteur solaire six heures par jour, le fluide caloporteur (eau) reçoit donc au minimum 60000 watts par jour, que la dalle radiante, compte tenu de son inertie (le temps que la chaleur se diffuse à travers le ciment) restitue uniformément au rythme de 2500 watts par heure nuit et jour.

Il ne faut cependant pas comparer cette puissance à celle requise pour chauffer une pièce équivalente dans un pays à faible amplitude thermique (jours presque aussi froids que la nuit), car sous ce climat continental, à 32° de latitude sud et 1000 mètres d'altitude dans un air pur, il n'est pas rare d'être en manches courtes dans la journée alors qu'il a gelé la nuit. Les éléments en contact avec la dalle radiante se chauffent jour et nuit mais la pièce ne perd pas de chaleur pendant la journée puisqu'il fait bon dehors et que le soleil chauffe les murs ; aussi ces 2500 watts par heure pendant 24 heures sont équivalents à 7500 watts pendant les huit heures où il faut chauffer.

Pour ces six heures d'ensoleillement la pompe circulatrice tourne quatre heures, alternant demi-heure de fonctionnement et demi-heure de repos grâce à un programmateur, précisément une

Le douzième travail – un refuge autarcique

prise minuterie. Le fluide caloporteur fait vraisemblablement un circuit complet en un quart d'heure car il y a ¼ de m³, à savoir 150 litres dans les tubes sous vide, 60 litres sous le sol et moins de 49 litres dans la canalisation d'amenée, bien isolée à la mousse de polyuréthane. Les canalisations d'arrivée et de sortie du capteur solaire sont isolées avec des manchons de protection car on a finalement retenu la solution d'utiliser comme caloporteur de l'eau sans glycol, donc il faut éviter qu'elle gèle la nuit (dans les tubes sous vide il n'y a aucun risque).

Le rendement total du système pourrait facilement être augmenté de 50%. En effet les six heures d'ensoleillement pourraient être portées à neuf heures simplement en étêtant quelques eucalyptus trop hauts de part et d'autre, les ramenant aux six mètres de hauteur de leur dernière taille.

La dépendance principale du système est la pompe circulatrice d'à peine 50 watts, mais qui fonctionne sur le secteur à 220 volts. Pour bénéficier de ce chauffage très performant même lorsqu'il n'y aura plus d'électricité, il faudra à terme connecter cette pompe circulatrice à un petit panneau photovoltaïque avec son convertisseur, du type de ceux que l'on voit dans la montagne pour les maisons isolées qui n'ont qu'un ou deux réfrigérateurs, un téléviseur et quelques ampoules. Sauf si c'est nécessaire comme stabilisateur, une batterie serait superflue puisque la pompe circulatrice ne doit fonctionner que lorsqu'il fait soleil.

Cette dalle chauffante solaire suffit pour l'essentiel de l'hiver, très ensoleillé. Il y a cependant une dizaine de jours de ciel couvert par hiver, dont en moyenne deux fois deux jours de pluie ou de neige (qui ne tient pas au sol), aussi un chauffage de substitution est-il nécessaire pour ces périodes-là. Il y a actuellement un poêle à bois fermé à double combustion dans la cuisine - salle à manger, dont l'effet se fait sentir jusque dans les chambres à condition de laisser les portes ouvertes. Ces dernières années on l'allume un à deux mois (juillet voire juin), essentiellement le soir en le laissant mourir au matin, alors qu'avant l'installation de la dalle radiante solaire on utilisait ce poêle quatre mois à plein temps.

En cas de réchauffement climatique significatif une famille plus sensible à la chaleur que le maître de céans pourrait, en été, utiliser la dalle radiante pour rafraîchir la maison, en faisant alors circuler l'eau tiédie dans cette grande pièce sous une piscine avide de calories car son volume total serait bien supérieur à celui du ciment de la dalle, et sa surface en constante déperdition de chaleur. De tels systèmes à double usage saisonnier existent effectivement.

La maisonnette récente ne comporte pas de système fixe de chauffage mais seulement un radiateur électrique dit "à mica", aussi en cas d'extension par ajout d'une pièce vers l'avant il serait judicieux d'inclure une dalle radiante à énergie solaire. La maisonnette plus ancienne, à bonne inertie thermique, est actuellement équipée de l'ancien petit poêle à bois de base (en fonte) de la maison principale, toutefois en cas d'extension à la place de sa terrasse il serait judicieux de remplacer le sol de briques de celle-ci par une dalle radiante à énergie solaire. Celui qui a connu un tel système, qui plus est dans une région ensoleillée l'hiver, en devient un partisan inconditionnel.

En matière d'éclairage, il est prévu à moyen terme pour la maison principale, et plus tard pour les deux maisonnettes, d'installer un circuit en 12 V pour des lampes à diode (dites LED) alimenté, ainsi que des chargeurs de piles, par batterie de 12 volts reliée à un petit panneau photovoltaïque. Pour mille euros on peut aussi se faire livrer un système d'une capacité de l'ordre de 2000 à 2500 watts-heure par jour (2 à 3 m^2 de cellules), avec convertisseur à 220 V et batteries de 110 ampères, pour l'alimentation de réfrigérateurs, lave-linge (surtout s'il admet de l'eau du chauffe-eau solaire), équipement de bureau etc.

D'une manière générale l'équipement solaire est bien moins contrôlé, taxé et "subventionné" (donc moins cher) qu'en Europe. Pour ça comme pour beaucoup d'autres équipements, on l'achète et l'emporte aussi librement qu'un ventilateur sur pied ou un grille-pain, ce qui n'empêche pas de trouver des installateurs qualifiés au cas où on n'a pas confiance

Énergie renouvelable

en ses propres compétences ou celles du plombier ou électricien local.

    Et, sauf interruption coronavirale durable du commerce international, tant que la Chine aura besoin de soja argentin on devrait trouver ses produits, même lorsqu'elle aura cessé d'accepter les paiements en devises surévaluées.

Le douzième travail – un refuge autarcique

10 – Opportunités commerciales

Consacrant son temps à des activités à distance, le maître de céans a orienté prioritairement ses loisirs vers la construction d'une résilience à moyen terme, différant de ce fait la pleine exploitation économique immédiate de la propriété.

En temps normal celle-ci coûte essentiellement sa consommation d'électricité, et très accessoirement des taxes provinciales. Dans un futur dégradé les taxes seraient très généralement ignorées par les contribuables (comme en 2002), et le réseau de fourniture d'électricité à l'habitat rural isolé ne serait plus entretenu. Cependant on aura toujours besoin, par exemple, de services médicaux, voire de fournitures alimentaires ou consommables non productibles localement, et donc d'une monnaie d'échange pour accéder à ces services et fournitures.

La propriété ne manquant pas de place, il est possible d'y conserver des produits bon marché en temps normal mais qui seraient vite épuisés en cas de rupture de la normalité, et recherchés pour des raisons de nécessité. En l'occurrence on a pensé à l'alcool de cuisine et médical (non dénaturé) à 96°, en bouteilles d'un litre. Les Argentins n'ayant rien contre l'alcool mais ne connaissant et pratiquant aucune recette maison, on commence à préparer des liqueurs digestives à partir des plantes aromatiques de la propriété. Madame commercialisant pour sa part ses confitures maison de fruits non traités et ses biscuits aux œufs de la ferme, les liqueurs complètent son catalogue.

Il faut dire qu'une demande de produits naturels existe localement, d'une part parce qu'un certain nombre de résidents de la vallée sont venus de la grande ville dans le cadre d'un mouvement de retour à la nature et à la vie saine, et d'autre part parce que le tourisme estival est aussi en grande partie tiré par la recherche de nettoyage, décompression et bonnes habitudes de vie.

Alors que les touristes venus de Buenos Aires achètent sur les marchés artisanaux des cactus prélevés dans la nature, un autre produit facile à ajouter au catalogue serait le bonsaï de ceibo, un arbre présent par dizaines le long du ruisseau et qui pousse rapidement à partir de ses graines de type haricot. Dès l'âge de quelques années la fleur nationale de l'Argentine, par grappes rouge sang, contraste magnifiquement avec le feuillage vert foncé du ceibo. Le deuxième voisin le plus proche taille d'ailleurs lui aussi ses propres bonsaïs d'espèces autochtones.

À terme il est prévu l'installation d'un alambic, équipement en vente libre, trouvable (neuf) sur internet mais à peu près oublié ou inconnu dans le pays, qui permettra dans un premier temps de tirer plein profit des fruits (abricots, coings et peut-être oranges) en excès y compris ceux tombés à terre, voire de fruits cultivés pour cela (courges), et peut-être dans un deuxième temps d'offrir le service de distillation à des tiers disposant eux aussi de beaucoup de fruits. L'alcool de fruits à divers grades, voire le service de distillation, constitueront une bonne monnaie d'échange pour les temps durs.

Entretemps mais pas sans corrélation avec un alambic, capitalisant sur de bonnes compétences biscuitières et cuisinières comme celles de l'actuelle maîtresse de maison, il serait possible d'ouvrir un salon de thé (la pièce ajoutée à la maison principale s'y prêterait admirablement) à ambiance européenne et assiette de bon niveau. Une demande existe, tant locale que vacancière, et l'accent étranger des patrons est un argument marketing indiscutable.

Pour revenir aux monnaies d'échange, un autre article de troc, alliant un bon rapport valeur/poids et facile à cacher et conserver, est la boîte de munitions 22LR (la plus polyvalente). Alors que les détenteurs d'armes non déclarées ont déjà en temps normal des difficultés à obtenir les munitions, les détenteurs autorisés peuvent en acheter plus que ce qu'ils consomment réellement, de manière à approvisionner ultérieurement (et avec discernement) les détenteurs d'armes non déclarées... on parle là d'un troc de bonne valeur en dépit de son petit volume.

Le douzième travail – un refuge autarcique

Une autre voie, qui trouverait son marché après rupture majeure de ce que la population nomme normalité, est précisément celle du conseil en mode de vie post-industriel et post-gabegie énergétique. Les nombreuses innovations ou redécouvertes testées puis adoptées par de plus en plus d'énergético-lucides dans le monde, en matière de chauffage, de cuisson, d'habitat, de transport, de pratiques sanitaires et autres sont encore totalement ignorées (à l'exception notable du chauffe-eau solaire) dans ce pays où "on règle le chauffage en ouvrant la fenêtre", selon un fameux dicton. Or les ressources de cette vallée peuvent permettre un bon niveau de vie post-pétrolier, et le refuge autarcique peut à la fois présenter une bonne vitrine de ces technologies et héberger des stages pratiques thématiques.

Une autre possibilité serait l'organisation de camps d'été francophones à l'attention des enfants et adolescents d'origine française avides d'apprendre la Madelon, le service du vin rouge et l'ouverture de la portière aux dames, ou envoyés par leurs parents pour acquérir la culture et le savoir-vivre français qui les distingueront en Amérique et les intègreront à la civilisation latine ; cette idée est évidemment à décliner selon l'origine du propriétaire.

Pour sa part le propriétaire actuel vient de concevoir la construction d'un parcours d'évasion, à l'entrée près du chemin. Sous la forme extérieure d'un grand bâtiment aveugle (et sans électricité), un labyrinthe intérieur de buses à ramper, cordes à

Opportunités commerciales

descendre, cheminées à grimper en opposition, et autres obstacles préalablement présentés en plein jour à l'extérieur, pourrait constituer un parcours de l'ordre de deux heures par petit groupe, sans nécessiter l'assurance qu'imposent les parcours de haubans et tyroliennes à la mode. Justement un centre d'activité intérieure compléterait utilement pour les jours de pluie, fréquents en été, l'offre des multiples centres d'activité extérieure (balnéaire notamment) qui attirent le tourisme à Mina Clavero. Par ailleurs le deuxième plus proche voisin, "survivaliste" à ses heures, organise notamment des séjours et parcours de tir (à air comprimé) et a donc certainement une clientèle plus portée sur la testostérone que sur l'huile solaire.

La vocation économique de la vallée est le tourisme. La construction, sur la propriété, d'un complexe de logements saisonniers comme les deux propriétés immédiatement voisines, impliquerait un investissement important, certes justifié car on dispose là d'un terrain et de possibilités de promenade et de plein-air bien supérieurs aux complexes voisins. Mais il existe d'autres possibilités pour bénéficier du tourisme sans entreprendre d'investissements lourds. L'une d'elles serait d'ouvrir une buvette pour les heures de baignade, avec aires de pique-nique et de jeux, comme le fameux complexe de tobogans naturels situé un kilomètre en aval.

Une autre possibilité serait de capitaliser sur la disposition géographique de la propriété, meilleure voie de passage possible vers un lieu de randonnée et pèlerinage local situé quelques kilomètres plus à l'est dans la nature. Un flux occasionnel de randonneurs, pour l'instant seulement toléré lors du pèlerinage annuel, passe par l'extrémité opposée de la propriété après l'avoir longée par une propriété voisine, et pourrait être avantageusement balisé, guidé, abreuvé voire instruit de la flore et de la faune locales sur un parcours à aménager dans la propriété.

En 2020 il est difficile de prédire si le tourisme tel qu'on l'a connu au XX° siècle et jusqu'en 2019 reviendra, ou si l'avènement de l'ère du coronavirus de Wuhan et des Contamines altèrera durablement les modes de vie, alliant le cloisonnement social à la frugalité économique. Mais si le tourisme revient, la présence des gorges de cette rivière parmi les récemment élues sept merveilles naturelles du pays sera porteuse d'opportunités, sur une gamme allant de la visite physique (tourisme) à la représentation graphique (souvenirs).

D'une manière générale, la vocation touristique de la vallée incite les habitants à développer des activités susceptibles de leur rapporter en deux mois de quoi vivre toute l'année, et le refuge autarcique peut trouver son créneau en la matière, comme activité principale ou d'appoint.

11 – Paradis animalier

En dépit de la proximité du ruisseau et de ses bassins semi-stagnants il n'y a pratiquement pas de moustiques, peut-être en raison de la présence naturelle de gambusies, dont le repas préféré est comme le savent les Camarguais la larve de moustique. Les plus gros adultes résistent à l'eau froide de l'hiver, et au printemps le ruisseau pullule d'alevins. Il y a certes une sorte de petit moustique sous certains arbres à la tombée du soir, mais il est rare de trouver un vrai moustique dans la maison. Et le paludisme n'existe pas en Argentine même dans les régions humides de la Mésopotamie nordique, ni d'ailleurs en Uruguay encore plus humide.

En parlant de poissons, parmi les quatre espèces (sauf erreur) qui peuplent le ruisseau Casas Viejas, se trouve un cichlidé. Au printemps on voit déjà, juste en face du portillon d'accès au ruisseau, plusieurs couples défendant chacun leur petit coin sous un rocher, et quelques semaines plus tard ils protègent leur nuage d'alevins. Dans la rivière Mina Clavero qui borde la propriété plus haut, ainsi que dans le ruisseau encaissé et donc plus froid justement nommé Río Hondo qui la longe à l'est, on peut trouver des truites.

Le douzième travail – un refuge autarcique

Au niveau de la faune sauvage l'animal le plus dangereux pour la volaille non volante est le renard gris, raison pour laquelle le poulailler est fermé tous les soirs, même si les poulets sont laissés en liberté pendant la journée. Le grillage du poulailler ayant été cimenté directement sur le granite du sous-sol, il est impossible de creuser par-dessous. En tout cas la rage ayant, sauf erreur, été éradiquée en Amérique australe depuis un demi-siècle, le renard et ses victimes ne présentent aucun danger pour l'homme.

Un autre animal dangereux pour les œufs, voire pour toute poule qui couverait au sol dans la nature, est le sarigue, mal nommé en Argentine du nom espagnol *comadreja* de la belette, un cas parmi d'autres d'attribution familière à un animal américain, par les premiers immigrants, du nom populaire d'un animal européen d'apparence plus ou moins similaire. Le sarigue de la région vit en nomade nocturne omnivore (avec de bonnes canines) dont la femelle transporte ses petits sur son dos dès qu'ils sont sortis de la poche marsupiale, grimpe aux arbres et vraisemblablement au grillage, et s'approche des habitations l'hiver au cas où une gamelle de chien traînerait dehors la nuit. Compte tenu de sa puanteur *sui generis* les Argentins s'étonnent qu'on puisse le manger, selon les recettes nord-américaines ou en civet au vin.

Un animal plus sympathique, que l'on peut voir le soir sur le chemin, est le rat anoure dit *cuis*, qui ressemble à un cochon d'Inde ou à une toute petite marmotte, et que les gauchos mangeaient

Paradis animalier

grillé autrefois (les peuples andins le font encore). Plus rarement on peut aussi voir sur le chemin, tôt le matin, un lièvre européen. On peut trouver dans la région des colonies de vizcachas, sorte de marmotte protégée mais braconnée et élevée, notamment pour les étrangers las de la viande ovine.

Un autre animal sympathique est le tégu, ou Tupinambis Merianae récemment renommé Salvator Merianae. Ce lézard de type varan, long et gros comme un bras, populairement appelé par erreur iguane mais aussi plus correctement lézard mangeur d'œufs, est omnivore. Il grimpe à la vigne pour le raisin, aime les poires tombées de l'arbre, mange beaucoup de crapauds sans détester le poisson, et apprend vite si un nid est à sa portée dans le poulailler. Certains étés on en a vu jusqu'à sept familiers près des maisons (sans compter les farouches parfois vus au ruisseau), chacun avec son horaire et son parcours de patrouille. Ils se sont imposés aux chats (mais craignent les chiens) et viennent demander aux humains leur œuf quotidien, qu'ils cassent et mangent sur place pour en demander un autre, ou emportent dans leur gueule pour le manger plus loin. Ce lézard peut être apprivoisé, de préférence acheté jeune dans un élevage.

Il reste dans la région quelques lions de montagne dits pumas. Une famille française dont le camping, à quelques kilomètres de Mina Clavero, fait face à quelques dizaines d'hectares sauvages laissés aux vaches et chevaux, disait voir tous les matins d'hiver une lionne amenant son lionceau boire à la rivière, juste en face. Sur la propriété même du refuge autarcique, la découverte de quatre chèvres clandestines égorgées mais pas mangées, près de la carrière de béryllium (abandonnée) il y a quelques années, a laissé penser aux jeux d'entraînement d'un ou deux jeunes. Néanmoins, le territoire d'un adulte couvrant une dizaine de milliers d'hectares, il ne doit pas y en avoir beaucoup dans la vallée. De l'autre côté de la montagne des amoureux des animaux, qui ont créé un refuge pour plusieurs espèces protégées ou opprimées, ont recueilli plusieurs fois des pumas blessés, ou des jeunes trouvés par des éleveurs qui venaient de tuer leur mère (bien que ce soit interdit) pour protéger leurs troupeaux. L'un d'eux, allaité par une chienne, suivait la maîtresse de maison d'une pièce à l'autre jusqu'à l'âge adulte et au retour à la nature.

Un animal symbolique de la région est le condor, dont on voit quelques individus à peu près chaque fois que l'on traverse la haute montagne pour aller à la ville de Carlos Paz ou à la capitale provinciale de Córdoba. On voit souvent des voitures arrêtées au bord, les touristes admirant le vol plané de ces grands volatiles au-dessus de la route ou en contrebas. Il y a même sur cette route l'entrée d'une réserve naturelle dont ils sont l'attraction principale, et une petite fondation dédiée à leur étude. Dans la montagne (et parfois au-dessus de la propriété) on voit aussi souvent divers types de petits rapaces diurnes du type aigles et buses.

Paradis animalier

Il y a aussi sur la propriété de nombreux oiseaux, dont au moins deux espèces de colibris qui aiment butiner diverses fleurs dont celle du ceibo juste devant la fenêtre. En comparaison avec l'Europe (voire dans une moindre mesure avec la pampa agricole), le nombre d'espèces et d'individus que l'on peut voir ou entendre dès que l'on sort pour aller au poulailler ou au potager est saisissant. Des canards aux grues et deux sortes de pélicans sur les bassins du ruisseau, au constructeur de "four" en terre sur les branches d'eucalyptus, au fouilleur de sol à long bec courbe et une sorte d'aigrette au cri de mouette (absente l'hiver), en passant par le pic marteleur d'arbres morts, les deux espèces de tourterelle (et celle de pigeon) et les deux espèces de petits perroquets dont l'un assemble un nid de branches pour une colonie de plusieurs couples tandis que l'autre se contente d'un trou d'arbre, et le fameux benteveo bigarré guettant au-dessus de la gamelle un instant d'inattention du chien, un guide d'identification avec photographies n'est pas de trop. Sur le chemin on peut parfois voir deux oiseaux coureurs, l'un qui ressemble à une petite pintade, et l'autre appelé à tort perdrix alors que c'est un (petit) cousin du nandou. S'il y a peu de mollusques (un petit escargot assez rare et pas de limaces), la faune aviaire est très riche..

Et de l'été à l'automne le ruisseau offre tous les soirs un concert de crapauds, qui bizarrement ne coassent que là (lieu de leurs amours) alors qu'on peut en voir des dizaines, chasseurs silencieux d'insectes, autour de la maison la nuit. On peut aussi voir ou entendre, rarement, deux petites grenouilles pittoresques, dont l'une émet comme un claquement métallique.

Installée sous un rocher depuis quelques années une ruche sauvage (d'abeilles dites domestiques *apis mellifera*) ne demande qu'à envoyer chaque année un essaim vers toute ruche vide qui serait construite à proximité. Il peut aussi parfois s'installer dans une cavité de construction ou un tuyau de poêle une petite ruche d'abeilles naines noires sauvages, dont les rayons semblent faits de papier mâché comme un nid de guêpes, et dont le miel est paraît-il délicieux.

12 – Ni risque ni menace

Sur le plan des risques naturels, le premier auquel on pourrait penser est le volume et la soudaineté des crues du ruisseau. Il serait dangereux de s'endormir dans une tente fermée juste au bord de l'eau les nuits d'été (ailleurs on avertit les touristes mais ici il n'y a pas de camping sauvage). Ce ruisseau multiplie son débit par sûrement de l'ordre de quelques milliers pendant quelques heures, devenant une rivière torrentielle de six mètres de large et presque deux mètres de profondeur au milieu qui interdit tout franchissement. Nonobstant, les maisons se trouvent à soixante mètres de son lit et quinze mètres de dénivelé, et la pente générale du terrain et du ruisseau interdisent que l'eau reste. Une inondation est absolument impossible.

Le deuxième risque auquel pourrait penser un étranger à la région est le risque sismique, pris en compte dans les normes de construction actuelles. En effet le sous-sol de granite fait que les tremblements de terre en profondeur soient bruyants, bien qu'on ne les ressente généralement pas, au contraire par exemple de la Californie de sable où ils sont insonores mais très remuants en surface. Les Andes distantes de quelques centaines de kilomètres sont une chaîne jeune et en mouvement comme les Alpes, mais dans les montagnes de Córdoba les maisons sont généralement construites sur le granite affleurant du sous-sol, qui constitue la meilleure et majeure fondation possible.

Un autre aléa est celui de la grêle qui peut tomber en certaines périodes, raison pour laquelle les batteries de tubes sous vide du chauffe-eau solaire et du capteur pour le chauffage sont protégées par une grille. Il n'y a pas là de quoi casser des tuiles comme dans certaines zones de l'ouest argentin, mais certains fruits peuvent en souffrir.

Sur le plan des risques d'apparence naturelle le plus visuellement impressionnant est le feu. Il n'est pas rare de voir dans la montagne, l'hiver quand la végétation est sèche, des feux allumés par les habitants ruraux selon la vieille croyance superstitieuse que cela aide la végétation pour le printemps suivant. Ces feux courent sur l'herbe sèche sans avoir le temps de causer de hautes températures dans le sol mince puisqu'il y a peu d'arbres susceptibles de faire de la braise, hormis dans les gorges encaissées difficiles d'accès pour les bovins. Dans les environs immédiats de la propriété cependant, la roche affleurante du sous-sol est dénudée sur de bonnes surfaces et le reste ressemble plus à de la savane, ou à la savane basse qu'on appelle improprement en français garrigue. Même venant des maisons de la propriété voisine au sud, un feu aurait un espace d'herbe courte à traverser où il devrait être aisé à éteindre à coups de pelle.

Ni risque ni menace

Sur le plan des risques humains le refuge autarcique se trouve à 150 kilomètres de Córdoba, deuxième ville du pays, et grand centre universitaire, médical, industriel, agroalimentaire et aéronautique qui pèse son bon million et demi d'habitants, soit bien plus que Marseille ou Lyon. C'est un avantage car l'excellente route de montagne, large et droite percée il y a une trentaine d'années et toujours très bien entretenue, où l'on peut filer à bonne allure, permet d'avaler cette distance en un peu plus d'une heure et demie en voiture, deux heures et demie en autobus.

Cependant cette route passe par un plateau à 2400 mètres d'altitude (elle est parfois coupée l'hiver par des tempêtes de neige), et si un pèlerinage traverse bien la montagne une fois par an à cheval, aucune foule mécontente ou affamée n'aura l'idée farfelue, en cas de rupture de la normalité et d'interruption des transports, de tourner le dos aux régions agricoles et peuplées de l'est pour passer plusieurs jours à escalader la montagne vers les régions arides de l'ouest. D'ailleurs la route interprovinciale passe à plusieurs kilomètres au sud de la propriété, de l'autre côté de la rivière Mina Clavero qui donne son nom à la petite ville de 8000 habitants permanents (hors saison touristique) elle-même à l'écart de cette route. La propriété se trouve à quatre kilomètres de chemin de terre de ce gros village, à mi-chemin d'une impasse de deux kilomètres qui ne conduit qu'à six propriétés aussi on n'y passe pas par hasard... et chaque propriété a ses chiens d'alerte.

Le douzième travail – un refuge autarcique

De moins d'une quarantaine d'années, le voisin le plus proche gère avec sa femme et leurs deux enfants en bas âge un complexe d'une douzaine de maisons estivales. Il est passionné de chevaux (en a toujours cinq ou six mais fait des échanges), armé d'un fusil et d'une carabine, et se trouve à portée de voix puisque sa maison est distante d'un peu plus de cent mètres. Né sur une ferme d'élevage il a lui aussi quelques brebis, et sait les tondre et les abattre. Sauf erreur son épouse est assistante médicale à l'hôpital local.

Du même âge, le deuxième voisin le plus proche gère aussi avec sa femme et leurs deux enfants en bas âge un complexe de sept maisons estivales. Il n'est pas à portée de voix car sa propriété est sur le chemin, face à l'entrée du refuge autarcique dont les maisons sont distantes de presque trois cents mètres du chemin. D'esprit curieux, expérimentateur et solidaire, c'est une sorte de survivaliste qui vise l'autarcie, a installé un parcours de tir à air comprimé (il a représenté l'Argentine dans des compétitions internationales), s'essaye à l'arc, forge ses couteaux, et serait certainement preneur d'une instruction militaire de base. Son épouse tient un emploi administratif à la coopérative médicale mais doit avoir aussi des compétences paramédicales.

D'une manière générale la population de Mina Clavero est tranquille et pacifique.

Comme mentionné par ailleurs les renards ne sont pas dangereux et il n'y a vraisemblablement pas plus d'un puma adulte dans toute la vallée. La carte d'utilisateur légitime d'armes à feu, renouvelable tous les cinq ans sur examen psychomédical rapide, autorise la détention (et l'usage) non seulement des calibres civils mais également des calibres dits d'usage civil conditionnel, c'est-à-dire calibres militaires tant qu'ils sont utilisés dans des armes civiles, comme le 9 mm par exemple ; évidemment on ne peut acheter librement que les munitions correspondant aux armes que l'on possède ou utilise. Sans exclure à terme un fusil de calibre 12 utile contre les oiseaux dans les arbres fruitiers, on s'en tient actuellement aux carabines et pistolets incapacitants mais non létaux sauf insistance ou toucher à la tête (mais le renard pose rarement immobile), en l'occurrence donc de petit calibre. Sur la propriété rien n'interdit de porter le pistolet à la ceinture, notamment en excursion vers la petite gorge encaissée où l'on trouve les boîtes de conserve.

Après étude de la question on a déterminé qu'en cas de bruit nocturne aux abords des maisons, si l'on insiste à sortir au mépris de toute sagesse, il est plus judicieux de tenir à la main un sabre d'abattis (en espagnol *machete*) que de compter sur les cinq secondes nécessaires pour dégainer et orienter un pistolet même déjà armé, et pendant lesquelles un chien errant peut parcourir quinze mètres. Et en cas d'intrusion nocturne du puma dans la maison on a jugé que les quelques secondes nécessaires pour qu'il atteigne la chambre suffiraient à empoigner et diriger vers la porte l'une des deux lances de presque deux mètres debout contre le mur, celle constituée d'un fer pointu inséré dans un manche de râteau (pas de balai) au bout fendu et refermé par un collier de serrage, et celle constituée d'une pointe de grille d'enceinte (achetée en quincaillerie) aiguisée et soudée au bout d'un tube de fer peint. Cela donnerait au conjoint le temps de prendre et armer un pistolet au cas où la mère puma serait suivie de ses petits. La propriété ne manque pas de possibles sépultures discrètes mais dignes d'un imprudent spécimen nuisible d'espèce protégée.

On peut ajouter qu'en 2020 cette vallée encore épargnée d'une centaine de milliers d'habitants a été autorisée par le gouvernement provincial à doter ses trois routes d'accès de barrages policiers, filtrant les livraisons et interdisant le tourisme. Compte tenu de sa vocation pandémique le coronavirus de Wuhan et des Contamines sortira tôt ou tard du chef-lieu où il est confiné, mais il aura au moins montré à la population locale la possibilité de se protéger en s'isolant, en cas de risque d'arrivée d'un danger par voie routière.

Sauf chute de météorite, la propriété semble relativement sûre.

Conclusion

Avec 10% de la population mondiale, l'hémisphère sud est relativement préservé des calamités provoquées par l'hémisphère nord, qu'il contribue pourtant à nourrir avec ses excédents. L'Argentine, pays le plus européen d'Amérique et de culture plus latine qu'hispanique, est un havre de liberté promis à la paix et la prospérité. Sa montagne centrale présente une mosaïque de villages européens dans un rayon d'une heure de la deuxième ville du pays, sous un climat continental tempéré très ensoleillé.

À l'écart des routes, jouxtant une rivière considérée comme l'une des sept merveilles naturelles du pays, les quarante hectares granitiques sauvages de ce refuge autarcique sont coupés de gorges et de ruisseaux, tandis que l'extrémité résidentielle n'est qu'à quelques kilomètres du village. La maison et les deux maisonnettes ont l'électricité et les télécommunications mais disposent à volonté de l'eau d'un ruisseau, baignable huit mois sur douze, et profitent au maximum de l'énergie solaire notamment l'hiver. Les solutions techniques retenues sont spécifiques mais transférables, et peuvent donner des idées à un chercheur d'autonomie.

Le douzième travail – un refuge autarcique

En tout cas le choix géographique, et celui du mode de vie, se sont révélés judicieux face à l'assaut coronaviral de 2020. Celui-ci aurait pu être une excellente répétition et validation face à des assauts futurs d'autres types d'adversité, tels qu'on peut les imaginer sous des cieux plus septentrionaux. Cependant, certains types d'adversité ne frapperont pas à la porte de ce pays et de cette province à l'horizon prévisible de trois générations, c'est-à-dire de ce siècle.

Exemple parmi d'autres de ce qu'on appelle maintenant une base autonome durable, ce refuge à vocation autarcique* a été choisi pour son potentiel à moyen et long terme, et aménagé (encore incomplètement) pour des besoins immédiats. Il ne convient pas à une personne seule et il gagnerait en autosuffisance et en optimisation avec une bonne paire de bras en plus, néanmoins il a une véritable valeur intrinsèque, qui ne se calcule pas en nombre d'hectares ou de douches mais en capacité d'accueil et possibilités d'avenir.

Puisse cette description aider à imaginer, choisir et construire un futur, dans cette courte période de normalité déjà altérée qui va déboucher sur le monde d'après 2020, qu'on évoque dans le *Quatrième Cavalier*.[1]

---

* Stratediplo (consul@africamail.com) peut vendre sa propriété, avec accompagnement administratif jusqu'à naturalisation.

[1] *Le quatrième cavalier, l'ère du Coronavirus*, Le Retour aux Sources, www.leretourauxsources.com.

Conclusion

Le douzième travail – un refuge autarcique

Conclusion

Déjà parus

Le douzième travail – un refuge autarcique

Conclusion

LA DIXIÈME PORTE — PAUL DAUTRANS
ÉDITIONS LE RETOUR AUX SOURCES
SI VOUS TRAVAILLEZ EN ENTREPRISE, MÉFIEZ-VOUS DE CE LIVRE...

LES NOUVELLES SCANDALEUSES — MAURICE GENDRE & JEF CARNAC
ÉDITIONS LE RETOUR AUX SOURCES
LE MONDE DANS LEQUEL VOUS VIVEZ N'EST PAS LE MONDE QUE VOUS PERCEVEZ...

MANUEL DE L'HÉRÉTIQUE — PAUL DAUTRANS
ÉDITIONS LE RETOUR AUX SOURCES
UN LIVRE QUI METTRA EN COLÈRE ABSOLUMENT TOUS LES CONS

Le douzième travail – un refuge autarcique

Conclusion

ÉDITIONS LE RETOUR AUX SOURCES

HISTOIRE DE L'ARMÉE FRANÇAISE

des origines à nos jours

L'armée française a souvent occupé la première place en Occident. Certains de ses chefs militaires ont marqué le monde par leur génie tactique et stratégique

ÉDITIONS LE RETOUR AUX SOURCES

Histoires extraordinaires et mystérieuses de L'HUMANITÉ

Ces histoires ahurissantes et fantastiques, retracent les origines des grands mythes

ÉDITIONS LE RETOUR AUX SOURCES

Histoires extraordinaires de la FRANCE MYSTÉRIEUSE

À travers ces histoires extraordinaires, c'est toute l'histoire d'un pays de tradition de liberté et de coutumes que cet ouvrage nous invite à revisiter

Le douzième travail – un refuge autarcique

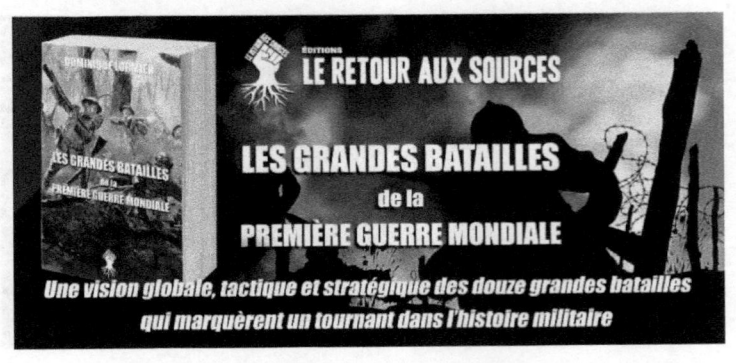

Conclusion

LES VICTOIRES FRANÇAISES de 1914 à nos jours

L'auteur démontre clairement que l'armée française a souvent joué un rôle prépondérant

Pour une AGRICULTURE REBELLE ou comment l'agriculture industrielle nous asservit et comment y échapper

LE LIVRE DU SANG — Sven et l'ancien testament

PRÉFACE DE LAURENT GUYÉNOT

Il y a mille raisons de s'indigner que cette cruelle divinité tribale ait pu être confondue avec le Dieu d'amour que prêche le Christ.

Le douzième travail – un refuge autarcique

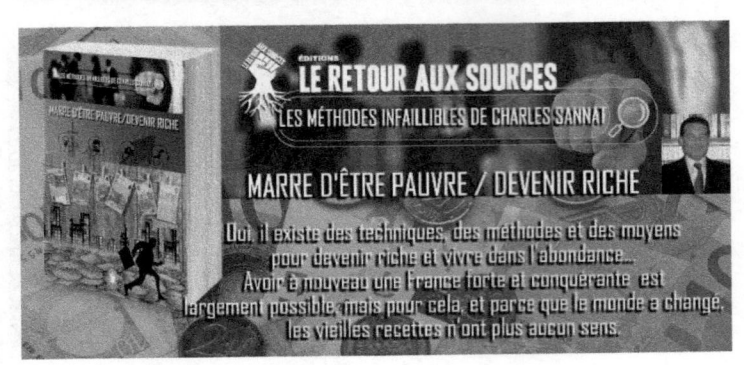

Conclusion

www.leretourauxsources.com

Le douzième travail – un refuge autarcique

Conclusion